CÓRDOBA
MÁS ALLÁ
DE LOS TÓPICOS

Editado por Ediciones Traspiés S.L.
www.traspies.com
foto@traspies.com

© de los textos Federico Abad
© de las ilustraciones Fernando Angulo
© de la edición Ediciones Traspiés, S. L.

Código IBIC: WTL WTH
ISBN 978-84-126267-6-6
Depósito Legal: GR-219-2024
Impreso en MasQueLibros

CÓRDOBA
MÁS ALLÁ
DE LOS TÓPICOS

FEDERICO ABAD
Ilustrado por
FERNANDO ANGULO

Introducción

Los eslóganes, paradigmas de la síntesis publicitaria, se convierten en tramposas falacias al emplearlos en el ámbito histórico. Córdoba recibió hace décadas el apelativo, repetido como un mantra, de *Ciudad de las Tres Culturas*, que no resultaría desacertado si identificara sus tres grandes periodos, con estructuras sociales y formas artísticas diferenciadas: el romano, el andalusí y el cristiano. Pero por desgracia no se emplea en este sentido, sino para identificar las religiones cuyos fieles, unas veces en paz y otras no tanto, coexistieron durante el periodo andalusí. Confundir cultura y religión es una aberración, porque en esos cinco siglos solo existió una cultura, la andalusí, alimentada por los practicantes de los tres credos y cuyos frutos son comunes, de modo que, en honor a la verdad, te animo a desconfiar de este y de tantos y tantos tópicos aplicados a nuestra singular urbe, incluido el calificativo de llana que se divulgó a partir de mi tocayo García Lorca, pues su topografía, sin ser abrupta, está plagada de declives.

La breve obra que tienes en tus manos consta de siete recorridos por el casco histórico de Córdoba, de los cuales el primero, dedicado a la Mezquita, es interior. Se trata, por tanto, de un libro para paseantes, tal y como hizo hace siglo y medio don Teodomiro Ramírez de Arellano en sus *Paseos por Córdoba*, que perviven como obra de referencia en nuestra historiografía urbana. Siempre que me sea posible intentaré llevarte fuera de los espacios masificados y desvirtuados por la rentabilidad económica del turismo, de modo que puedas disfrutar de aquellos rincones donde parece que el tiempo se detiene; aquellos que, como viajero cotidiano de mi ciudad natal, no dejo de apreciar.

En esta era del ruido originado por el exceso de información sin control de calidad alguno, donde el impacto se impone a la veracidad, he procurado apoyarme en fuentes fidedignas y contrastadas para alejarte de las falsedades en las que incurren una y otra vez los canales de divulgación general, ya sean folletos, guías, redes sociales, vídeos o páginas web de dudosa finalidad. Te invito, pues, a poner en entredicho los tópicos, las leyendas y el folclore generado en torno al lucrativo negocio del turismo cuyo único fin es consumir, no comprender.

Apuntes sobre la evolución urbana

El origen de Córdoba se sitúa en una población tartésica del 1100 a. C., relacionada con la exportación por el río de los minerales de Sierra Morena y ubicada en una colina frente al oeste del casco histórico. El germen de este data del 168 a. C., cuando el general romano Claudio Marcelo, probablemente como consolidación de un campamento militar, fundó una colonia sobre una meseta protegida por dos arroyos. Ambas poblaciones coexistieron durante un tiempo, mientras la oligarquía turdetana se trasladaba al nuevo emplazamiento, que mantuvo el nombre indígena, *Corduba*, y que se instituyó como capital de la Hispania Ulterior (lejana).

Su superficie de 47 hectáreas poseía la clásica red viaria ortogonal, y se rodeaba de una sólida muralla, aunque sus primeros edificios eran modestos. Tras la destrucción durante la Segunda Guerra Civil romana, fue reconstruida en época de Augusto con pavimentación, edificios monumentales, cloacas y conducciones alimentadas por dos acueductos, y su perímetro fortificado se incrementó a 78 hectáreas extendiéndose hasta el río. Al mismo tiempo proliferaron suburbios residenciales e industriales extramuros junto a vías ocupadas por necrópolis.

Durante el convulso periodo tardoantiguo y visigótico, aún poco estudiado, la urbe se mantuvo como capital de primer orden cuya aristocracia hizo de ella un baluarte católico frente al arrianismo visigodo. El centro de poder político y religioso se desplazó hacia el río, ubicación mantenida tras la conquista musulmana y la elección de *Qurtuba* como capital de Al-Ándalus el año 716. La ocupación residencial intramuros, la Medina, conservó los ejes principales, aunque surgió un dédalo de calles secundarias con recodos, estrechamientos y azucaques, callejones sin salida.

Los arrabales, habitados al principio por mozárabes, recibieron una riada de musulmanes conversos, desarrollándose hasta tal extremo que en el siglo X el territorio urbanizado, superior a 5.000 hectáreas, alcanzaba diez kilómetros de longitud en el eje noreste-suroeste y su población pudo estar en torno a 250.000 habitantes. Los importantes avances científicos y culturales logrados cuando Qurtuba era una de las tres grandes metrópolis mediterráneas –junto a Constantinopla y Palermo–, se han calificado de protorrenacimiento europeo.

Tras la *fitna* (revolución) que acabó con el califato en 1031, la población periférica se replegó, se incrementaron las construcciones defensivas y los arrabales orientales próximos a la muralla, denominados en conjunto *al-Sarquiyya* (a levante) fueron rodeados por una muralla que duplicó ampliamente el recinto intramuros y consolidó una nueva unidad urbana, la Ajerquía, ciudad baja tanto en sentido topográfico como económico. La conquista cristiana en 1236 obligó a los habitantes a abandonar la ciudad, aunque posteriormente se registra una minoría mudéjar. La población, afectada por emigraciones, guerras y epidemias, se estancó o retrocedió hasta 24.000 habitantes a final del siglo XV.

A los dos distritos amurallados, Medina –desde entonces Villa– y Ajerquía, se añadió al suroeste desde 1399 un barrio de ballesteros. Esta configuración del casco urbano, de unas 200 hectáreas –uno de los mayores cascos históricos de Europa–, se mantuvo prácticamente inalterada hasta finales del siglo XIX, pues la evolución demográfica, ante la desidia de la nobleza latifundista y de los mercaderes, fue sumamente lenta.

Gran parte de este territorio acabó en manos de la Iglesia, bien por repartimiento, donaciones de la nobleza o promoción propia, de modo que en el siglo XVIII existían 45 conventos, más innumerables hospitales religiosos. El centro comercial e industrial, favorecido por la proximidad del puerto fluvial, mantuvo la ubicación del periodo islámico hasta los siglos XVI-XVII, cuando se fue desplazando hacia el norte.

La Córdoba del siglo XIX, una población esencialmente agrícola dependiente de improductivos latifundios, no poseía otra industria que la artesanal, por lo que la apertura de líneas ferroviarias entre 1859 y 1873, que situaron la ciudad en una estratégica posición, impulsaron la renovación urbanística del sector norte de la Villa. Gracias a las intensas actuaciones acometidas desde 1879 hasta 1930, el centro cívico se desplazó hacia él, volviendo al cabo de dos milenios al lugar que ocupó el foro romano. Mientras tanto, la enorme carencia de vivienda obligaba al proletariado a hacinarse en las casas de vecinos, a razón de una familia –muchas veces numerosa– por habitación, esas mismas casas cuyos patios admiran hoy los turistas desconociendo por completo su triste pasado.

Mezquita

Con una superficie de 2,2 hectáreas, la Mezquita de Córdoba es el mayor templo del primer milenio en Occidente, pero también el resultado de doce siglos de evolución. En 1984 se le otorgó la primera declaración de la UNESCO como Patrimonio de la Humanidad en nuestra ciudad, declaración a la que seguirían la del casco antiguo (1994), el Festival de los Patios Cordobeses (2012) y Madinat al-Zahra (2018).

En los primeros años de presencia islámica no se contaba con una mezquita mayor o *de los viernes* que acogiera la concentración de fieles, por lo que se congregaban al aire libre. En el 750 los abasíes derrocaron a los omeyas en el califato de Damasco, y el príncipe Abd al-Rahmán, uno de los pocos supervivientes de la masacre, se hizo con el control de Qurtuba e instauró un emirato. Ante el incremento poblacional, Abd al-Rahmán I *El Emigrado* ordenó erigir el 785 una mezquita de los viernes. Estas consisten en recintos rectangulares o cuadrados que comprenden un patio de abluciones y un oratorio. En este, la quibla es el muro que indica la dirección del rezo, identificado por un nicho denominado mihrab. A su derecha se coloca el *minbar*, plataforma escalonada desde la que el imán se dirige a los fieles.

La planta de aquella mezquita era casi cuadrada, de 79 metros de lado. Sus mitades se repartían entre patio y oratorio, concebido como una sala hipóstila de once naves, siendo la central más ancha por conducir al mihrab. Para alcanzar diez metros de altura el alarife ideó un sistema de soporte ingenioso y bello a la vez: las naves se separaban con arcadas de medio punto sobre pilares, y estos, mediante cimacios, descansaban en los capiteles de las columnas. Dado que dichos arcos ejercen fuerzas tanto verticales como horizontales, que pueden desestabilizar los altos ejes formados por pilar y columna, incorporó entre pilar y pilar otro arco de

entibo, en este caso de herradura, de tradición visigótica.

Para dotar de cromatismo al soporte al-
ternó en los arcos dovelas de piedra caliza
con otras de ladrillo rojo, alternancia de la
que ya existían precedentes, como en los

Patio de los Naranjos. Mezquita

pilares del acueducto de los Milagros, en Mérida; sin embargo, en este caso las arcadas son verdaderos acueductos; las naves se cubrieron con techumbres planas de alfarje, pero entre los muretes sobre las arcadas se montaron estructuras de tejado a dos aguas que se vertían en ellos, concretamente en un canal que las evacuaba al exterior.

En esta primera mezquita se reutilizaron basas, fustes y capiteles romanos y visigodos, práctica arquitectónica habitual. Las arcadas tenían doce tramos, y los arcos de ingreso desde el patio estaban abiertos. Sobre el suelo terrizo se colocaban esteras de pita para arrodillarse. Los naranjos que dan nombre al patio no existían, pues la naranja amarga se introdujo en Al-Ándalus entre los siglos IX y X, y la dulce llegó cuatro siglos después.

En lugar de seguir el modelo de la gran mezquita de Damasco, con naves paralelas a la quibla, se empleó el de la mezquita de Al-Aqsa, en Jerusalén, con naves perpendiculares. Además, no se orientó hacia La Meca, sino hacia el sur. Más allá de posibles interpretaciones, lo cierto es que la nave central se ubicó sobre el *cardo maximus* –calle principal norte-sur– romano, y el conjunto, con muros perimetrales coronados por almenas escalonadas de influencia siria, se situó frente a la fachada oriental del alcázar.

Respecto a la preexistencia en el lugar de la basílica de San Vicente Mártir, a la que el Cabildo atribuye los restos arqueológicos del subsuelo y otras piezas expuestas, las prospecciones y la escasa fiabilidad de las fuentes no permiten confirmarla. Por cierto, según argumenta el falangista Ignacio Olagüe en *Los árabes jamás invadieron España*, la disposición perpendicular de las naves, que dificultaba la visión del imán por los fieles, permite suponer que esta primera mezquita era la propia basílica de San Vicente, un templo arriano.

Tras la muerte de Abd al-Rahmán, su hijo Hisham I erigió el alminar, y bajo el emirato de Abd al-Rahmán II, entre el 848 y el 855 se amplió la sala de oración derribando la quibla y añadiendo ocho tramos de arcadas hacia el sur. Dejaron de emplearse basas y se tallaron los primeros capiteles de pencas. En el 951 Abd al-Rahmán III, autoproclamado califa –religiosamente independiente de Damasco–, extendió el patio hacia el norte, con el consiguiente derribo del alminar y la erección de otro mayor adosado a dicho muro, así como la contigua puerta del Perdón. Además, hizo adosar otra fachada a la del oratorio recayente al patio, pues la primera se estaba desplomando por los empujes laterales de las arcadas.

Once años después Al-Hakam II encargó la segunda ampliación del oratorio, especialmente lujosa. Los contrafuertes de la segunda quibla sirvieron para erigir un pórtico transversal, y se prolongaron las arquerías doce tramos hacia el sur sin materiales de acarreo: los fustes se alternan entre el mármol gris y el rojizo, y los capiteles de pencas entre el modelo compuesto y el corintio. Dado el desnivel del terreno, se construyeron fuertes muros de cimentación y sendas plataformas al exterior de las fachadas este y oeste.

Delante de la macsura, tramo inmediato a la quibla reservado al califa, se dispuso un pórtico con arcos de herradura y lobulados decorados con ataurique, y aquella se cubrió con tres cúpulas-lucernarios de nervaduras entrecruzadas formando un octógono, la central rematada en cúpula gallonada. Tanto esta como la quibla se decoraron con mosaicos bizantinos realizados por artesanos que envió el emperador Nicéforo Focas, aunque algunos corresponden a restauraciones de los siglos XIX y XX, pues habían sido cubiertos con retablos.

En esta ampliación se creó un doble muro, el de la quibla y el exterior. Con ello pudo realizarse un mihrab octogonal, cubierto con bóveda de concha. Obsérvese el zócalo de mármol tallado con motivos que aluden al árbol de la vida, los arquillos ciegos lobulados sobre el alfiz, en la cúpula y en el propio mihrab, y sus atauriques. La puerta derecha conducía a una galería cubierta entre la Mezquita y el alcázar –la huella de sus pilares aparece señalada en la calle Torrijos–. Desde las celosías superiores seguían la oración las mujeres y los niños de la corte. El mismo esquema ornamental de la macsura se aplicó a un espacio-lucernario preliminar o *qubba*, ubicado en la nave central, al inicio de esta ampliación y donde estuvo el mihrab anterior.

La última y mayor ampliación se hizo a partir del 987 por orden de Al-Mansur, dictador del gobierno del débil Hisham II. La proximidad del río obligó a extender patio y oratorio 49 metros, ocho naves, hacia el este, lo que obligó a edificar un nuevo muro oriental con sus siete puertas y su andén de refuerzo. Sin embargo, en lugar de derribar el muro preexistente se abrieron grandes arcos de herradura entre los que perviven algunas puertas o partes de ellas cegadas. La ampliación incrementó la superficie en un 62 %, aunque rompió la composición axial del oratorio.

Tras la conquista cristiana Fernando III consagró la Mezquita como catedral de Santa María. Por su luminosidad y su riqueza ornamental se empleó para presbiterio de la primera capilla mayor la mencionada qubba, denominada posteriormente capilla de Villaviciosa por la virgen de esta localidad cordobesa que alojó su retablo. Siguiendo la tradición cristiana, se corrigió la orientación hacia el este, y se empleó como nave –no era tal– el área del oratorio omeya al oeste de la qubba. Al mismo tiempo el perímetro interior del oratorio se fue poblando de capillas, cegando incluso los arcos de ingreso desde el patio con el consiguiente oscurecimiento.

En el siglo XIV se construyó la capilla Real tras el altar de la de Villaviciosa. Se realizó en estilo mudéjar, tan en boga entonces en el reino de Castilla –los mismos alarifes trabajaban en la Granada nazarí y en los Reales Alcázares sevillanos–. Se emplearon arcos cruzados por coherencia con la obra califal, aunque fue decorada con mocárabes. Construida sobre una plataforma sobre bóveda, a dos metros y medio del suelo, tenía acceso por una escalinata desde el presbiterio. Los restos de Fernando IV y Alfonso XI reposaron en ella hasta 1736, cuando fueron trasladados a la colegiata de San Hipólito.

En 1489 desmontaron las columnas en la nave de la capilla mayor, erigieron cuatro arcos de soporte ojivales para sostener una techumbre de madera de casetones y se abrió un rosetón, intervención insuficiente porque tres décadas después se proyectó otra mucho más ambiciosa: una catedral tardogótica compuesta por capilla mayor, crucero y coro. El asunto provocó un pulso entre el Cabildo Municipal y el Eclesiástico. El emperador Carlos I falló a favor de la Iglesia, aunque luego reconoció que no estuvo muy acertado.

El proyecto de Hernán Ruiz *El Viejo*, maestro mayor catedralicio, supuso la inserción de un volumen vertical en pleno bosque de columnas, una ruptura espacial de gran calibre en la que actuó con manos de cirujano. La obra de planta de cruz latina, nártex y transepto en medio del oratorio afectó principalmente a la primera ampliación, aprovechando los contrafuertes de la primera y la segunda quibla más el muro este de la Mezquita previa a Al-Mansur. El nártex, entre la fachada del coro y una serliana, vino a recuperar el eje axial roto por Al-Mansur, conciliando la invasión de la obra nueva con la lectura del templo musulmán. Además, el ingreso de los feligreses a la catedral solo se hacía por los brazos del crucero. Los ámbitos quedaron inteligentemente segregados, y el tránsito originaba un descubrimiento repentino reforzado por el caudal de luz de los ventanales.

Las obras duraron casi un siglo, en el que intervinieron su hijo −arquitecto del cuerpo de campanas de la Giralda−, su nieto y Juan de Ochoa, y discurren desde el gótico y el plateresco al Renacimiento, patente en la cúpula del crucero, la bóveda con lunetos del coro o la bella fachada del trascoro. El retablo manierista en mármol, realizado entre 1618 y 1628, es obra del jesuita Alonso Matías con lienzos de Antonio Palomino insertados un siglo después.

Torre de la Mezquita

Los ornamentados púlpitos, soportados por figuras marmóreas que simbolizan a los evangelistas, los realizó el marsellés Jean-Michel Verdiguier en la década de 1770. La sillería del coro, obra maestra en su género, fue diseñada por Pedro Duque Cornejo a mediados del siglo XVIII.

Entre las numerosísimas capillas de los siglos XIII al XVIII destaca la del Sagrario, constituida en parroquia. Ocupa el ángulo sureste del oratorio musulmán, y fue decorada por el italiano Cesare Arbasia entre 1583 y 1586 con un programa de frescos manieristas sobre los mártires cordobeses san Acisclo y santa Victoria, en pleno apogeo de la exaltación martirial que se produce en la ciudad por entonces.

El culto a San Acisclo, supuesto mártir cordobés del siglo IV, se remonta a fechas tempranas. Se le dedicó una basílica que perduró varios siglos, mientras sus reliquias viajaban dentro y fuera de la Península. En cambio, no existen referencias hagiográficas de su pretendida hermana Victoria hasta el siglo X, cuando la cita un martirologio de Lion, por lo que se trataría de una invención calcada de otra mártir –quizá santa Cristina de Bolsena– o de una interpretación sesgada de un texto que hace referencia a la victoria de la fe cristiana del mártir sobre sus perseguidores.

Dicha devoción se encuentra estrechamente ligada a la de san Rafael –*medicina de Dios* en hebreo–, surgida justo antes del trabajo de Arbasia. Según la leyenda, estando el padre Andrés de la Roelas enfermo en su casa, allá por 1578, oyó una voz que le decía «sal al campo y sanarás». Efectivamente, en un collado extramuros se encontró con cinco caballeros, quienes, tras asegurarle que los huesos encontrados tres años atrás en la parroquia de San Pedro pertenecían a los mártires cordobeses y que debían ser venerados, desaparecieron por encanto. En las noches siguientes se le apareció en su hogar san Rafael, quien ya se había aparecido a Simón de Sousa en el siglo XIII. El arcángel le confirmó la noticia, así como su condición de custodio de la ciudad, lo cual difundió mientras sanaba, instaurándose desde ese momento la devoción al enviado divino.

Por tal razón entre los siglos XVII y XXI se han erigido once triunfos, columnas votivas coronadas por el arcángel –sin contar otras innumerables esculturas—, y el nombre es común entre los varones cordobeses, además de ser fiesta local conmemorada cada 24 de octubre. Es costumbre celebrarla con un perol, arroz meloso con pollo cocinado al aire libre por un hombre en dicho recipiente, donde los comensales se alimentan directamente mediante el ritual de cucharada y paso atrás.

Situada junto a la macsura y de planta octogonal, la capilla de Santa Teresa fue realizada entre los siglos XVII y XVIII. En ella destaca el sepulcro del fundador, cardenal y obispo de Córdoba Pedro de Salazar, los lienzos de Palomino sobre la conquista cristiana, los mártires y la aparición de san Rafael, y las yeserías barrocas. Alberga la soberbia y gigantesca custodia tardogótica de plata dorada, labrada entre 1514 y 1518 por el orfebre alemán Enrique de Arfe y culmen de la tradición platera en Córdoba. Desde aquí se accede al tesoro catedralicio.

Hay otras capillas de gran valor: la barroca de la Concepción —muro oeste—, las de la Natividad y del Espíritu Santo —muro este, ambas de Hernán Ruiz II—, la de Santa Inés —junto a la de Santa Teresa— y la de la Conversión de San Pablo —tras la capilla Real—.

Atiende además al programa escultórico del trasaltar, cuyos cinco arcos de herradura muestran sendos altorrelieves de factura flamenca sobre la pasión, así como a la capilla de San Bernabé, a la izquierda, con retablo renacentista en mármol de Jacques Luquin. Entre las sepulturas de personajes ilustres cabe señalar la de Góngora, canónigo de esta catedral –capilla de San Esteban y San Bartolomé–, la del Inca Garcilaso de la Vega –capilla de las Ánimas del Purgatorio– y la del obispo Leopoldo de Austria, hijo ilegítimo del emperador Maximiliano y tío de Carlos I –crucero.

Del encamonado de bóvedas que en el siglo XVIII cubrió todo el oratorio omeya solo permanece el de la ampliación de Al-Mansur, pero yo llegué a conocerlo en otros sectores, y probablemente influyó en el debate sobre la sacralización del templo de 1972-1973. Rafael Castejón, destacado arabista y veterinario, abrió el melón de la purificación de la Mezquita. El proyecto pretendía desmontar las dos catedrales y las capillas, montarlas en otra localización próxima y reedificar las naves perdidas empleando las columnas insertas en dichas intervenciones. Franco se mostraba favorable porque el rey saudita Faisal prometió diez millones de dólares, dentro de una ambiciosa operación para rearabizar Córdoba. La polémica provocó el aplazamiento de la visita del ICOMOS, organismo evaluador de las candidaturas al Patrimonio Mundial, mientras distintas instancias desautorizaron la propuesta. Finalmente la Resolución de Córdoba reconoció la pluralidad cultural del monumento.

El alminar islámico se mantuvo hasta finales del siglo XVI, cuando Hernán Ruiz III logró que la diócesis le encargase un campanario. Este envolvió el alminar, parte del cual verás si lo visitas y disfrutas de sus magníficas vistas. El resultado es una obra manierista de cinco cuerpos, de los cuales el tercero corresponde al cuerpo de campanas, con cuatro serlianas que imitan a las que su padre usó en la Giralda. Posteriormente se añadió el cuerpo de campana del reloj y una linterna coronada por la estatua de san Rafael.

La contigua puerta del Perdón se reformó en estilo mudéjar en 1377 dentro del programa constructivo que incluía la capilla Real y el arco de Bendiciones, eje de representación escenográfica de los Trastámara, aunque el espacio entre sus grandes arcos de herradura apuntada se cubrió luego con una bóveda barroca. El arco exterior, rodeado por un alfiz de ataurique con escudos de Castilla y León, se corona con arcos ciegos lobulados que encierran frescos barrocos. Observa las hojas de la puerta, cubiertas con láminas de bronce cuya lacería conjuga inscripciones en árabe cúfico y en latín gótico, con loas a Alá y al Dios cristiano.

Frente a ella se encuentra el arco de Bendiciones –donde se bendecían los pendones reales en las proclamaciones de los monarcas– o puerta de las Palmas, portada de la nave principal que conduce al mihrab y que Hernán Ruiz remató con un retablo plateresco sobre la Anunciación. En las galerías del patio, del mismo arquitecto, se exhiben vigas de las cubiertas originales de la Mezquita. Frente a la galería occidental, un olivo casi milenario da nombre a la fuente de cuatro caños instalada hacia 1741.

Las diecinueve puertas perimetrales han sufrido numerosas modificaciones debidas a las inclemencias del tiempo y a la estética cambiante. Entre finales del siglo XIX y comienzos del XX el arquitecto Ricardo

Velázquez Bosco y el escultor Mateo Inurria restituyeron la ornamentación de las más meridionales, aunque también se tomaron ciertas libertades; por ejemplo, en la del Espíritu Santo, tercera suroccidental, una inscripción en aljamía reza así: *[…] mandó el rey Alfonso hijo de Alfonso (en referencia a Alfonso XIII) […] la restauración de esta puerta […] y se terminó con el auxilio de Alláh en el año cuatro y novecientos mil.*

En todo caso, te recomiendo rodear la Mezquita y discernir entre lo bello y lo menos bello. El postigo de Santa Catalina, que conduce al patio desde levante, es obra de Hernán Ruiz II, y en sus albanegas se representa el alminar omeya. También merecen atención las dos filas de arcos de medio punto con balcones y escudos frente a la puerta del Puente, así como el altar de la virgen de los Faroles en el muro norte, con la copia del lienzo de Romero de Torres que se conserva en su museo.

Alcázar de los Reyes Cristianos y su entorno

En este lugar se alzaba una fortaleza tardoantigua relacionable con los asedios visigodos del siglo VI, de cuya sala hipóstila pervive una columna al pie del muro occidental. Al comienzo del periodo andalusí los emires ocuparon y adaptaron el complejo civil existente, que se extendía hasta el área de la Mezquita. Este alcázar omeya de casi 4 hectáreas englobaba diversos pabellones. El área residencial y de representación ocuparía el frente oriental, cuya muralla se ha fosilizado en la fachada del palacio Episcopal, con balconadas sobre sus torreones. El lienzo septentrional se conserva parcialmente en el palacio de Congresos y en el desparecido jardín del Obispo, junto al restaurante Almudaina, y se amplió más al norte, según puedes ver en el aparcamiento de la calle Cairuán. La rauda se situaba en el seminario, y la alcazaba seguramente en el actual Alcázar. Por ahora se conocen tres baños: Campo Santo de los Mártires, jardín del Obispo y Alcázar.

Ante los ataques cristianos del siglo XII, los almohades fortificaron Qurtuba, pieza clave del valle del Guadalquivir: arrasaron la alcazaba, elevaron el terreno para salvar el desnivel y erigieron nuevas estructuras que han perdurado como Alcázar, en concreto dos espacios tradicionalmente atribuidos a la obra cristiana de 1328: el llamado patio Mudéjar –aunque obedece al esquema de un patio de crucero almohade, con pórticos y albercas en los lados menores– y los baños, cuyo acceso original estuvo probablemente en el patio de las Mujeres, donde las excavaciones muestran una secuencia estratigráfica bimilenaria.

Asimismo, dotaron al Alcázar de un vasto recinto amurallado, posteriormente denominado Castillo Viejo de la Judería. Puedes verlo en las calles Hasday Ibn Shapurty y Martín de Roa, lienzo de tapial que conserva la torre de Belén, originariamente puerta de acceso, antes de integrarse en Caballerizas

Reales. De sus ángulos occidentales perviven la Torre de las Vírgenes, visible desde la calle Puerta de Sevilla, y la de Guadalcabrillas, en la avenida del Alcázar.

En el repartimiento del palacio omeya Fernando III se reservó el alcázar almohade, dada su posición estratégica y su carácter palaciego. Entre los siglos XIII y XIV se erigieron en los extremos cuatro torres. La noroccidental de los Leones es cuadrada y sus estancias muestran bóvedas nervadas de estilo Plantagenet, especialmente atractiva la octogonal superior. La nororiental del Homenaje, también con bóvedas nervadas, es octogonal, aunque se le añadió en el siglo XVI un cuerpo menor con tejado. La suroccidental de la Inquisición posee planta circular rematada en un cuerpo octogonal.

Exterior del Alcázar

La suroriental de la Paloma se reedificó a finales del XX.

Fernando III asignó el Castillo de la Judería a un gueto, recinto donde los hebreos estuvieron protegidos por la corona hasta el pogromo de 1391, tras el cual los no exterminados fueron obligados a convertirse. Unos años antes se fortificó la huerta del Alcázar reparando y reforzando con torres semicirculares el lienzo del río, al pie del cual discurre un hermoso paseo, la alameda del Corregidor; se reedificaron las torres de Guadalcabrillas y de las Vírgenes con planta octogonal, y se amplió la superficie fortificada hasta el arroyo del Moro mediante un lienzo reforzado con torres.

El Alcázar, residencia de la realeza itinerante castellana, sirvió como baluarte en un periodo de intensos conflictos, tanto con los almohades, los benimerines y los nazaríes como entre las facciones castellano-leonesas. Enrique II celebró aquí el matrimonio con su prima Juana de Portugal, y durante las estancias de los Reyes Católicos, cuando actuó como base logística para la conquista de Granada, nació su hija María, luego reina de Portugal.

Entre 1482 y 1810 fue sede de la Inquisición y se adaptó para uso penitenciario. En el siglo XVIII construyeron la capilla y un pabellón en la huerta, y tras servir de cuartel napoleónico, la prisión civil se trasladó aquí desde la Corredera, función que mantuvo hasta 1944. Los últimos años fueron especialmente trágicos, cuando alojaba a numerosos presos políticos que vieron prolongada su pena injustamente o fueron fusilados.

Antonio Cruz-Conde (en lo sucesivo ACC), miembro de una familia de oligarcas con seis alcaldes anteriores, ostentó la alcaldía entre 1951 y 1962, durante la cual se llevaron a cabo incontables actuaciones. Las del casco histórico implicaron tanto su embellecimiento como su pristinización, es decir, su puesta en valor mediante soluciones sin base histórica, siguiendo la escuela decimonónica de Eugène Viollet-le-Duc. Por ello te aviso de antemano: buena parte de los lugares que visitarás en Córdoba son inventos del equipo de ACC.

Tras lograr la titularidad del Alcázar acometió su restauración. La capilla se convirtió en salón de Mosaicos, donde se colocaron ocho de los descubiertos en el derribo del mercado de la Corredera; en la galería de acceso se instaló el sarcófago de las Puertas del Hades –del siglo III, procedente de la necrópolis de Huerta de San Rafael–; los baños se restauraron, y Francisco Prieto Moreno, conservador de la Alhambra, diseñó en la huerta unos jardines al estilo andalusí que ofrecen una imagen tan fotogénica como extemporánea del Alcázar. Durante este mandato se construyó el puente de San Rafael, el segundo de la ciudad en dos milenios, y para evitar que la Nacional IV siguiera discurriendo por el Romano se prolongó la ribera en la avenida del Alcázar, lo que cercenó brutalmente la huerta, dejándola aislada de su muralla.

Felipe II creó unas Caballerizas Reales en el sector meridional del Castillo de la Judería, reconstruidas en 1734 tras su incendio. Lo más interesante de ellas son las cuadras, a la izquierda del vestíbulo, y el picadero decimonónico, en el flanco occidental del patio. La empresa Córdoba Ecuestre mantiene un espectáculo diario de equitación y una feria anual del caballo.

A finales del siglo XIV se fundó al norte de la huerta un barrio de repoblación de ballesteros destinados a defender el Alcázar, con su correspondiente muralla. Este apéndice del casco histórico, configurado en torno a tres vías paralelas y denominado barrio de San Basilio o del Alcázar Viejo, adquirió gran popularidad desde la institución en 1921 del Festival de los Patios Cordobeses. Sirva de ejemplo el del nº 44 de la calle San Basilio, sede de la Asociación de Amigos de los Patios Cordobeses. Se remonta a los siglos XV y XVI, cuenta con pozo y lavadero, y a sus galerías superiores de madera se accede mediante un curioso cuerpo de escalera perpendicular.

La puerta de Sevilla es obra del siglo XX, pero junto a ella, conectada a la muralla

Estanque. Jardines del Alcázar

mediante dos arcos de herradura que sirven de marco a la estatua de Ibn Hazm –escritor andalusí del siglo XI y autor de *El collar de la paloma*–, observarás una torre albarrana cuadrada que podría tratarse de un tramo de acueducto. Desde ese punto arranca el foso del arroyo del Moro, delimitado por el antemuro que rodea el lienzo de muralla cristiana antes citada. Al otro lado de la puerta se colocó la Tumba Grande procedente del Camino Viejo de Almodóvar, en el actual barrio de Ciudad Jardín. Data del siglo I d. C., al igual que la cisterna conservada in situ en los jardines occidentales de Vallellano.

Frente a la puerta, y semiculto desde 1950 por la avenida del Corregidor, se ubica el cementerio de la Salud, cuyo origen se remonta a 1665, cuando –según la leyenda– unos labradores del barrio hallaron una virgen de barro a la que se atribuyeron curaciones milagrosas. Siete años más tarde se concluyó la ermita bajo la advocación de Nuestra Señora de la Salud, sustituida en 1805 por un edificio neoclásico. En 1811, la razonable prohibición napoleónica de mantener enterramientos intramuros dio lugar al cementerio anexo que, al preservar el nombre de la virgen titular de la capilla, originó tan paradójica denominación.

Al inicio de la Guerra Civil, durante el periodo de terror instaurado por el teniente coronel de la benemérita Bruno Ibáñez que inspiró mi novela *Allí donde el silencio*, sus muros fueron escenario de incontables fusilamientos, entre cuyas víctimas figuraba mi tío Ángel Abad Morales. No obstante, el de la Salud es un hermoso camposanto que merece ser visitado y forma parte de la Ruta Europea de Cementerios. Destacan los panteones de los toreros Rafael Molina Sánchez *Lagartijo* –obra de Inurria–, Manuel Rodríguez *Manolete* –obra de Amadeo Ruiz Olmos–, Rafael Guerra *Guerrita* y Rafael González *Machaquito*, y de aristócratas decimonónicos como la marquesa de Conde Salazar o los marqueses de Cabriñana. Los de Julio Romero de Torres y su fecunda familia se encuentran en el cementerio de San Rafael.

Puente Romano
y Guadalquivir

Destacado elemento iconográfico, el puente Romano se representa en el escudo de la ciudad, junto con el alminar de la Mezquita y la noria de la Albolafia. Mide 291 metros y está soportado por 16 arcos cuyos pilares, reforzados con tajamares triangulares y espolones semicirculares –salvo uno rectangular– se cimentaron sobre un muro. Aparece citado desde el año 45 a. C., si bien este pudo ser de madera y el de piedra construido durante el siglo I d. C., acompañado de un pórtico monumental que daba acceso a una plaza porticada y ubicada junto al puerto. Desde ella partía el *cardo maximus*.

El puente fue reconstruido o restaurado innumerables veces debido riadas y guerras; por ello apenas quedan restos de la obra original, con bóvedas de medio punto de altura similar. El que nos ha llegado presenta un arco rebajado y cuatro ojivales en su sector norte. Durante la importante reforma del 971 se erigió en su extremo meridional una puerta con arco de herradura entre dos torres, complementada por los almohades con otra fortificación de casi una hectárea cuyos restos se hallaron en 2001.

Tras la batalla del Campo de la Verdad en 1368 entre Pedro I y Enrique II se reconvir-

Puente Romano

tió dicha puerta en una fortaleza cerrada, la
torre de la Calahorra; se cegó el arco –todavía
se aprecia su traza alrededor de la poterna,
accesible entonces por un puente levadizo–,
se le añadió una torre meridional y otras dos
circulares adosadas a los ángulos, y se dio un
nuevo acceso al puente mediante un arco
oblicuo. El foso y la barbacana se añadieron
en el siglo XVI. Tras haber servido como
prisión, escuela femenina y cuartel de la

benemérita, mediado el siglo XX se restauró y desde 1987 aloja el Museo Vivo de Al-Ándalus. En el siglo XVII se erigieron, sobre sendas pilastras apoyadas en el noveno pilar del puente, un altar dedicado a los mártires y una estatua de san Rafael.

En 1570, durante la estancia de Felipe II para dirigir las operaciones contra los moriscos alpujarreños, se ordenó la construcción de la actual puerta del Puente. Hernán Ruiz III la diseñó emulando un arco triunfal, con vano adintelado entre pares de columnas dóricas y rematado por un relieve semicircular con el escudo real. La cara interior, que reproduce este esquema, data de 1928.

En la terraza contigua, tras una epidemia de peste se levantó hacia 1280 el hospital de los Ahogados, el primero de la Córdoba cristiana, pero las crecidas del río acabaron arrasándolo. Tras servir de camposanto, entre 1765 y 1781 se erigió el triunfo de San Rafael, obra de Verdiguier, quien sin duda se inspiró en la fuente de los Cuatro Ríos de Bernini instalada en la plaza Navona de Roma. Su zócalo de jaspe simula un monte con las estatuas sedentes de los mártires cordobeses y de santa Bárbara, y sobre cuya gruta un águila sostiene el juramento de san Rafael al padre Roelas. Por encima, una torre circular con el escudo del obispo que ordenó la construcción soporta la columna rematada por la estatua del arcángel.

La ribera era lugar de paseo muy apreciado desde el siglo XVI, pero las crecidas del río no cesaban de socavar el adarve y la muralla. En 1791 se proyectó un malecón desde aquí hasta el molino de Martos para desplazar el camino Real fuera del casco, aunque las obras se extendieron hasta 1905. Con la actuación de la Junta de Andalucía (2006-2008) proyectada por Juan Cuenca, puerta, Calahorra y puente se restauraron por completo. Este se hizo peatonal y se recuperó su cota norte original con la remodelación del entorno, derribándose además los viales añadidos a la Calahorra. También se construyó el Centro de Recepción de Visitantes.

Al noreste de la Calahorra, en el meandro de Miraflores –cuyo puente prolonga la calle San Fernando, y en cuyo extremo sur se encuentra el Centro de Creación Contemporánea de Andalucía (C3A)–, se asentaba el arrabal de Saqunda. Como sus habitantes se levantaron contra Al-Hakam I y atacaron el alcázar, el emir lo arrasó y prohibió que volviera a reconstruirse. De los rebeldes que pudieron exiliarse, algunos se asentaron en Fez, pero otros tomaron Alejandría y posteriormente, instalados en Creta, fundaron un emirato que hostigó a Bizancio durante 140 años. Las excavaciones de 2001-2002 desenterraron el yacimiento, aunque una vez documentado volvió a cubrirse. El parque de Miraflores, muy vandalizado, ofrecía magníficas vistas desde el paseo bajo desgraciadamente ocultas por la masa arbórea, pero te recomiendo recorrer la pasarela que Cuenca trazó bajo los arcos meridionales del puente y que comunica dicho paseo con el molino de San Antonio.

El desplazamiento del núcleo civil y comercial hacia el norte desde el siglo XVII, sumado a la incapacidad para impulsar la navegación del Guadalquivir hasta Sevilla, hizo que Córdoba viviera durante cuatro siglos de espaldas al río, una frontera marginal hasta el PGOU de 1986. Por fortuna, ello propició la conservación de un espacio natural de 21 hectáreas en el cauce entre los puentes Romano y de San Rafael, un ecosistema poblado de especies vegetales ribereñas y aves cuya variedad de especies supera con creces el centenar. Estas excepcionales características al pie del núcleo monumental hicieron que los denominados Sotos de la Albolafia fueran declarados Monumento Natural.

Sin embargo, al no contar con un plan de usos del río, desde la década pasada sus importantes crecidas y la dejación de las administraciones responsables han favorecido la acumulación de sedimentos en las márgenes, donde proliferan la maleza y algunas especies arbóreas invasoras como eucaliptos. En este momento el río apenas resulta visible desde los paseos de ambas orillas.

Testimonio del patrimonio industrial hidráulico de la ciudad es el conjunto de molinos que han perdurado hasta nuestros días. Los del tramo urbano se ubicaban en tres azudes que canalizaban el agua. En el meandro, donde estuvo el azud de San Julián y junto a la ermita decimonónica de los Santos Mártires, se encuentra el molino de Martos, nombre de la desaparecida puerta ubicada enfrente. De origen andalusí, Fernando III lo donó a su hermano. Entre los siglos XIII y XVI fue aceña –molino harinero–, y desde entonces funcionó como batán –ingenio para batir paños–. Se rehabilitó en 2006, y su visita guiada puede solicitarse al Jardín Botánico. El meandro sirvió como playa hasta la década de 1960, cuando se prohibió en ella el baño a causa de los ahogamientos y la contaminación fluvial. Esta se resolvió con una estación depuradora, pero con la acumulación de limos el meandro se pobló de álamos y sauces, así que ahora el río discurre a cien metros.

Hacia el sur, en el extremo opuesto del paseo Balcón del Guadalquivir –desde el que, irónicamente, ya no se ve el río–, donde el puente del Arenal desemboca en el recinto ferial hay un pequeño recinto rectangular con árboles accesible por escaleras. En él se conserva un fragmento del murallón de San Julián, construido en 1554 para evitar inundaciones, aunque duró lo justo: se levantó en el Campo de la Verdad, ¡en la margen izquierda! El cauce se ha desplazado tanto hacia el oeste –en el siglo XIX se temía que buscara salida por detrás del meandro y dejara el puente Romano en cauce seco– que ahora se encuentra en la margen derecha.

El siguiente azud, el de Culeb, discurre zigzagueando entre los sotos de la Albolafia, junto al puente Romano. Puede ser anterior al periodo andalusí, porque aparece citado en el siglo VIII. El molino meridional es el de San Antonio, imagen que albergaba su hornacina. La explotación de sus cuatro piedras de moler fue repartida por Fernando III. En la década de 1920 se añadió la planta superior y posteriormente sirvió para construir barcas. Restaurado y musealizado, se incluye en la misma visita que el de Martos. Los siguientes molinos de este azud, bien visibles desde el puente Romano aunque si restaurar, son el de En medio –comunicado con el de San Antonio por un puente– y el de Pápalo o de Don Tello.

Cerca del Alcázar, el molino de la Albolafia cerraba el azud por el norte junto al contiguo de las Escalonías, ambos de época omeya o anteriores y luego empleados como aceñas

Molino San Antonio

o batanes. Este lo derribaron para construir el malecón de la ronda, y contaba con una puerta que protegía la del Puente ante posibles ataques. Al de la Albolafia se le incorporó, quizá tras la conquista, una noria y un acueducto sobre tres arcos de herradura ojivales de los que sobreviven dos. Desde ahí giraba probablemente hacia la torre del Agua del Alcázar, para descender y regar su huerta, aunque no se ha conservado. La noria se desmontó a finales del siglo XV, y la actual se instaló a finales del XX, pero ha perdido las vasijas.

El tercer azud, mencionado en el siglo XII, era el de la Alhadra, cuyos tres molinos se contemplan desde el puente de San Rafael. En la margen meridional encontrarás sin restaurar el de San Lorenzo y el de San Rafael. Mencionados como batanes en el siglo XVI, en el XIX fueron molinos de papel, luego harineros y en el XX sirvieron para producir electricidad. En la margen derecha, sobre los restos del molino de las Tripas, entregado a la Iglesia, se levantó en los siglos XVI o XVII con tecnología de regolfo el molino de la Alegría. A sus dos edificios, uno de ellos dedicado a batán, se añadió otro piso en el

XIX. Hoy día, restaurado y adaptado como museo de Paleobotánica, forma parte del Real Jardín Botánico de Córdoba, una franja de 7,7 hectáreas junto al Guadalquivir. Si te interesa la naturaleza, el botánico puede ser una excelente opción para culminar el recorrido, e incluso complementarlo con el Centro de Conservación Zoo Córdoba, ubicado justo enfrente.

Villa

Los barrios de la Catedral, la Trinidad y la Compañía comprenden el sur de la Villa, con calles cuyo trazado, pese a las realineaciones de los dos últimos siglos, ha cambiado poco respecto al de la ciudad bajomedieval. En todo momento te animo a desviarte de la ruta sugerida para entregarte al placer de callejear, que en Córdoba es uno de los mayores placeres.

Partiremos de la calle Torrijos, al oeste de la Mezquita. Allí se encuentra el Palacio de Congresos y Exposiciones, antiguo hospital de San Sebastián edificado por Hernán Ruiz El Viejo, que entre 1815 y 1961 sirvió de casa de expósitos y casa cuna. La portada plateresca es su mayor atractivo. El presbiterio de la iglesia se cubre con bóveda nervada, y desde el flanco meridional de su hermoso patio puede verse la muralla del alcázar andalusí.

Esta muralla también se integró en la fachada del contiguo palacio Episcopal, alojamiento real tras la cesión del Alcázar a la Inquisición, aunque de la Casa del Obispo bajomedieval y del palacio renacentista apenas quedan restos. El edificio fue reconstruido entre 1607 y 1624, remodelado tras el incendio de 1742, y en 1980 el obispado se trasladó al seminario. El patio de recibo no es visitable, pero el de San Eulogio se abrió recientemente al público. En él se ha instalado la fuente del Elefante, un surtidor califal trasladado desde la sierra de Córdoba. Bajo el suelo acristalado del vestíbulo, que conserva un pórtico, se observan restos del alcázar andalusí.

La calle Amador de los Ríos discurre entre el palacio y el seminario de San Pelagio, fundado en 1583, aunque posee una fuerte impronta de los siglos XVIII y XIX, y conduce a la plaza del Campo Santo de los Mártires, lugar de esparcimiento en el siglo XVI. El humanista cordobés Ambrosio de Morales, cronista de Felipe II y sacerdote jerónimo cuyo fervor por el celibato le llevó a automutilarse los genitales, se opuso a los festejos taurinos celebrados en este prado porque, argumentaba, profanaban el sitio donde fueron ajusticiados los mártires cristianos del siglo IX. En realidad eran suicidas que, alentados por Eulogio, clamaban en las mezquitas contra Mahoma, originando la indignación de los cristianos que servían al emir y el posterior concilio que condenó dicha práctica.

Entorno de la Puerta del puente y la Mezquita

Al norte se encuentran los baños del Alcázar Califal, en cuyas bóvedas puedes observar los habituales lucernarios estrellados. Construidos en el siglo X, en el XI se les añadió un salón de recepciones porticado y en el XII se edificaron unos nuevos en su flanco occidental. Junto a ellos, un templete de mármol recuerda a Wallada, hija del califa Muhamad III y de una esclava cristiana, e Ibn Zaydún, ministro de la corte taifa sevillana. Estos grandes poetas andalusíes, representados por sendas manos enlazadas, vivieron un idilio en la decadente Córdoba del siglo XI, tras el cual se intercambiaron sátiras feroces.

Desde aquí parte la calle Tomás Conde, donde nació Góngora. A mano izquierda queda la de Villa Ceballos, un azucaque convertido por ACC en calleja pintoresca de seis recodos que desemboca por la también inventada puerta de la Luna en la calle Cairuán, probable cementerio hebreo bajomedieval donde el sucesor de ACC mandó restaurar la muralla andalusí, canalizar el arroyo del Moro y erigir en sus extremos las estatuas de los principales filósofos cordobeses: Averroes –perteneciente a una saga de cadíes almorávides– y Séneca –tutor de

Nerón y miembro de una ilustre estirpe del periodo romano—. La mejor perspectiva se obtiene desde el balcón septentrional, junto a la puerta de Almodóvar, la única andalusí que ha sobrevivido, aunque remodelada en el siglo XIV. Tras su arco apuntado entre dos torreones encontrarás la calle Judíos, corazón de la judería bajomedieval.

Se considera erróneamente que la judería abarcaba la mitad sur de la Villa. A ello puede contribuir: a) la visión snob de las juderías como lo genuinamente viejo; b) las simpatías hacia el pueblo judío, víctima del genocidio nazi —también lo fueron gitanos, comunistas y homosexuales—; c) la excelente proyección de la cultura sefardí desde 1964 por miembros de esta comunidad en Córdoba; d) la pésima formación de muchos profesionales del turismo cultural.

Aclaro esta madeja topográfica. La comunidad hebraica, cuya aportación a la economía y a la cultura cordobesas resulta incuestionable pese a los repetidos ataques que sufrió, se asentó en distintos puntos de la ciudad. Centrándonos en la judería existente entre la conquista cristiana de 1236 y el pogromo de 1391 —o la expulsión de 1492—, esta ocupaba un pequeño sector en el extremo occidental: el Castillo de la Judería junto a un espacio intramuros delimitado por las calles Puerta de Almodóvar al norte, Judíos y Tomás Conde al oeste, Almanzor y Romero al este, y Deanes y Manríquez al sur, o sea, seis hectáreas, el 3 % del casco histórico.

Este recinto contaba en el siglo XV con al menos dos puertas para protegerse de las revueltas antisemitas. Asimismo existieron en él diversos azucaques desaparecidos cuando, tras la instauración del Santo Oficio en Córdoba –ciudad altamente sospechosa–, se confiscaron diversas casas de conversos, y otros propietarios colindantes –la sempiterna categoría de espabilados– las añadieron a sus propiedades junto con el correspondiente callejón.

Puerta de Almodóvar

Al entrar en la calle Judíos, enseguida verás el portón de la taberna Guzmán, de gran raigambre y cuyo elogiado amargoso se cría en las botas de la bodega del fondo. Más adelante se ubica la Casa Andalusí, que conserva un magnífico patio porticado con capiteles califales, un adarve y un mosaico tardorromano en la galería subterránea.

Construida en 1315 por alarifes mudéjares, la Sinagoga es una de las tres bajomedievales que se conservan en España, junto con las toledanas. Las pequeñas dimensiones obedecen a los recelos de la Iglesia a que compitiera con sus templos. En siglos posteriores sirvió como hospital religioso, capilla y parvulario. El oratorio, precedido por un vestíbulo cuya escalera conduce a la tribuna femenina, se cubrió en 1794 con bóveda encamonada, yeserías murales y dos altares que ocultaron su origen hasta 1876, cuando se hallaron unas inscripciones hebreas que alertaron a Romero Barros, quien logró su declaración como Monumento Nacional y el inicio de las intervenciones. En su lado oriental se encuentra el tabernáculo que albergaba el arca con los rollos de la Torá, y desde el nicho occidental con arco lobulado el rabino dirigía el oficio. La galería femenina se abre por tres vanos, con arcos los laterales, que tienen reflejo en la pared frontera, aquí cegados y decorados con retícula de *sebka*. El rico programa decorativo de estucos comprende alfices, atauriques, lacerías e inscripciones bíblicas en hebreo. Junto al nicho oriental se encuentra la inscripción fundacional. La decoración mural inferior se ha perdido, aunque pudo ser de azulejos.

Más adelante –observa las acanaladuras en los muros para evitar que los ejes de los carruajes se atascasen– se encuentra el Zoco Municipal de Artesanía, actuación de ACC en los antiguos jardines de las Bulas, entonces casa de vecinos. El proyecto de José Rebollo Dicenta lo convirtió en un atractivo espacio de reminiscencias mudéjares. Aunque el patio principal porticado se comunica con la calle Averroes, te sugiero regresar a la de Judíos para conocer la plazuela de Tiberiades, mínimo ensanche en la boca de un azucaque que alberga la escultura sedente de Maimónides, el destacado filósofo y médico judío cordobés víctima de la intolerancia almohade. Su exilio lo condujo a El Cairo, donde ejerció como médico del sultán Saladino.

La calle desemboca en la plaza de Maimónides, donde se alza la fachada de la citada casa solariega de las Bulas. Esta mansión del siglo XVI, así como la contigua cuya galería norte recae al Zoco, albergan el museo Taurino, tras el cual, en la calle Averroes, verás el arco apuntado que encierra un patio con palmera. Su pórtico con columnas de acarreo precede a la valiosa capilla gótico-mudéjar de San Bartolomé, erigida entre 1399 y 1410, tras la revuelta antisemita y la constitución de esta collación. Traspasado el arco ojival con dientes de sierra de la portada observarás que la bóveda nervada de su nave presenta una composición simétrica. Sobre el zócalo de azulejería geométrica y el friso con inscripciones árabes en alabanza a Alá se desarrolla una decoración mural de yeserías que combina lacerías y escudos. El pavimento de azulejos también es original.

Esta capilla fue anexionada en el siglo XVIII al hospital del Cardenal Salazar, con fachada principal en la vecina plaza del mismo nombre. El prelado se lo encargó a Francisco Hurtado Izquierdo para colegio de niños del coro, pero tras una epidemia de peste se inauguró en 1724 como hospital, función que mantuvo hasta 1970, cuando pasó a ser centro universitario de Filosofía y Letras. Destaca su portada, coronada por el escudo cardenalicio, y el patio principal, que repite el esquema de la fachada en ladrillo visto: frontones triangulares en los vanos inferiores y curvos en los superiores. En el lado sureste de la plaza, la iglesia barroca de San Pedro de Alcántara, de 1696, perteneció al convento homónimo que hoy forma parte del albergue Inturjoven.

Por las calles Romero y Almanzor, y al llegar al cruce por la calle Fernández Ruano, desembocarás en la plaza Ángel de Torres. Aquí se erigió en el siglo XV la casa solariega del Indiano, brutalmente reemplazada en 1970 por pisos. Solo se conservó la fachada gótico-mudéjar que Inurria restauró a comienzos del siglo XX.

Te sugiero volver y girar a mano derecha por la calle Sánchez de Feria, cuyo nº6 alberga el archivo Municipal. Fue casa solariega de los Hoces, el edificio civil más antiguo de Córdoba, pues se ha fechado entre los siglos XIII y XIV. Posee dos patios mudéjares ajardinados, el segundo de ellos porticado y con tres ajimeces rematados por paños de azulejería.

Sinagoga

La calle asciende hasta la plaza de la Trinidad, que preside una portada barroca en cuyo cuerpo superior se emplearon por primera vez columnas salomónicas. Aquí fundaron convento los trinitarios descalzos en 1241, el cual pasó a manos del Ejército tras la desamortización. Aunque la parroquia es conocida como La Trinidad, se denomina de San Juan y Todos los Santos porque en 1799 reunió las parroquialidades de ambas iglesias desaparecidas. Entre sus valiosos retablos destaca por su exuberancia el del altar mayor, realizado por Juan Fernández del Río y presidido por la virgen del Coro.

En el lado opuesto de la plaza verás la estatua de Góngora y la Escuela de Arte Mateo Inurria, que bordea la calle Tesoro y te conduce a otra plaza, la de Ramón y Cajal. En el flanco norte se alza la casa solariega de los Venegas de Henestrosa. Su fachada manierista, atribuida a Ochoa, está ceñida por dos torreones angulares y muestra dos portadas gemelas, cuyos frontones partidos acogen estatuas de virtudes que flanquean balcones sobre ménsulas. En 1696 la familia vendió el palacio, se fundó en él la congregación de San Felipe Neri y se edificó el oratorio barroco con fachada en la calle de San Felipe. Hoy día el complejo es sede de la subdelegación de Defensa.

Frente al torreón occidental se encuentra la Cámara Oficial de Comercio e Industria, obra temprana de La Hoz Arderius con García de Paredes realizada entre 1952 y 1955 y ampliada después. Aunque no lo parezca, está considerado uno de los edificios más destacados del Movimiento Moderno en España. Puedes asomarte al vestíbulo, con techo oscuro de focos empotrados a modo de cielo estrellado y suelo artificial inspirado en las antiguas calzadas. De él emerge el mostrador, diseñado por Oteiza, y apunta hacia la escalera semicircular que cierra el espacio parabólico, cuyo arranque se adorna con una escultura también de Oteiza.

Al sureste de la plaza, la calleja General Argote te conducirá hasta el alminar de San Juan, cuyo nombre procede de la orden que tras la conquista recibió su desaparecida mezquita. Es el único de los cinco alminares que han pervivido que puede contemplarse casi completo, pese al acusado desgaste de sus sillares. En los ajimeces con arcos de herradura de cada fachada solo se conserva una columnilla original, así como fragmentos del friso con siete arquillos ciegos. Se le puso tejado para proteger la escalera circular interior, pero el remate sería en terraza almenada y su altura algo mayor.

La calle de Barroso desemboca en el transitado eje peatonal de las calles Blanco Belmonte y Ángel de Saavedra. Este coincide aproximadamente con el *cardo maximus* y conecta las Tendillas con la Mezquita, pero en lugar de descender hacía ella giraremos hacia el norte por Ángel de Saavedra, así llamada porque en una de sus casas nació el duque de Rivas, en cuyo drama romántico *Don Álvaro o la fuerza del sino* se inspiró Verdi para componer su ópera *La forza del destino*. Sustituyendo a esta casa y a otras se edificó el palacete decimonónico de estilo francés que ves a tu derecha, denominado casa Carbonell porque desde 1908 fue sede de dicha compañía, aunque ahora lo es de la empresa de Viviendas Municipales de Córdoba.

La iglesia contigua pertenece al convento carmelita de Santa Ana, fundación de san Juan de la Cruz, y en ella se celebran misas dominicales en latín. Más adelante encontrarás el Conservatorio Superior de Música Rafael Orozco, donde cursé mis estudios musicales; del llamado palacio del Marqués de la Fuensanta del Valle solo pervive la portada renacentista con decoración de galleta –aunque a mí me recuerda a un gofre– bajo una ventana con frontón que imita a una venera.

El colegio de Santa Victoria, en la vecina calle Juan Valera, pudo construirse gracias al testamento del obispo Pacheco, cuyos bienes reclamó el Cabildo, en un alarde de perseverancia, dos siglos más tarde. Las obras, dirigidas por el francés Baltasar Dreveton, se realizaron entre 1761 y 1788, pero su interés estriba en la iglesia, acabada por Ventura Rodríguez tras el derrumbe parcial de la cúpula. De estilo neoclásico, su planta es circular y se inspira en el Panteón de Agripa. El acceso se realiza a través de un pórtico hexástilo curvado, al sur de la plaza de la Compañía. Como ocupa el punto más alto del casco histórico, su cúpula es, junto a la de la Catedral y su campanario, uno de los hitos más visibles en el panorama urbano.

En dicha plaza está el colegio de la Inmaculada, históricamente denominado de Santa Catalina, donde estudió Góngora. Los jesuitas iniciaron las obras en 1555 y se reedificó a finales del siglo XVII. La parroquia de San Salvador y Santo Domingo de Silos forma parte del conjunto –es conocida como de la Compañía–. Diseñada en estilo manierista probablemente por Hernán Ruiz II, de sus diez retablos barrocos destaca el del Socorro, realizado en mármoles polícromos por Alonso Gómez de Sandoval, y el mayor en cedro, de Teodosio Sánchez de Rueda. En 1782 se reunieron en este templo las parroquialidades del Salvador –iglesia desaparecida que se ubicaba en la calle María Cristina– y de Santo Domingo de Silos, emplazada justo enfrente, aunque solo perviven los arcos formeros de la nave, que alberga el archivo Histórico Provincial, y la capilla gótica de la Concepción, empleada para eventos culturales. Su campanario, muy modificado en 1762, forma esquina con la calle del Reloj.

Retrocedamos ahora hasta la iglesia de Santa Ana y tomemos la calle Alta de Santa Ana, que la bordea por la izquierda. Al fondo arranca la cuesta de Pero Mato, quien según la leyenda asesinó a su esposa adúltera. Es escalonada, desciende por la pendiente sobre la que se asentaba el teatro romano, ciñendo los muros encalados de la huerta conventual, y desemboca en la plaza de Jerónimo Páez. El sector meridional lleva el nombre de Elijah J. Namias, empresario petrolero que en 1964 creó su mansión cordobesa –popularmente denominada Casa del Judío– tras adquirir el palacio mudéjar del duque de Medina Sidonia –con fachada principal en la calle Rey Heredia– y otros inmuebles colindantes. El conjunto de fachadas, la portada neomudéjar con batientes toledanos que representan a Fernando III y Pedro I, el postigo contiguo y la celosía de la torre, conforma una estampa pintoresca.

En la plaza arbolada se ubica el Museo Arqueológico y Etnológico de Córdoba, cuyo interior alberga restos del teatro. Su graderío, estimado en 124 metros y con un aforo de 10.000 a 15.000 espectadores, lo situaría tras el teatro Marcelo de Roma. La orquesta quedó fosilizada en la plaza, pero la escena no se ha excavado todavía. Desde el siglo III, cuando un terremoto lo dañó seriamente, se convirtió en cantera de materiales, y en la Alta Edad Media se urbanizó.

El edificio Este del museo corresponde al palacio de los Páez de Castillejo, fruto de una remodelación renacentista de Hernán Ruiz II sobre una casa mudéjar del siglo XIV. Destacable es el patio central, la escalera principal y la espléndida portada, concebida como arco triunfal decorado con célebres guerreros, figuras mitológicas y virtudes. Entre los innumerables fondos del museo te sugiero prestar atención al cervatillo de bronce de Madinat al-Zahra, el león íbero de Nueva Carteya, la escultura romana egabrense de Mitra sacrificando un toro y el capitel omeya de los Músicos.

Desde el sureste de la plaza, la calle Julio Romero de Torres te conducirá al cruce del Portillo, al que regresaremos después. En una de sus casas vivió Manuel Bustos, profesor de violín de mi hermano y víctima de un sonado parricidio en 1987, cuando su hijo Álvaro le clavó una estaca en el corazón mientras dormía. Pero continuemos por la calle Cabezas, donde junto a la casa Góngora, Centro de Estudios Gongorinos, se alza la torre del homenaje mudéjar, rematada por un cuerpo con arcadas renacentista, del palacio de los marqueses de El Carpio. En el capítulo 5 conocerás más de él.

Más adelante verás el tercer azucaque cerrado por una cancela, el De los Arquillos.

Originalmente era entrada del corral de los Bataneros, antiguo mercado de paños andalusí, pero con ACC le dieron este aspecto inspirándose en la leyenda de los Siete Infantes de Lara, cantar de gesta desaparecido. Se supone que de los arcos de apeo —tres añadidos para redondear el número— colgaron las cabezas de los hijos de Gonzalo Gustioz,

Museo arqueológico

protagonista de un culebrón medieval. Este llega a la Córdoba de Al-Mansur con una carta de su enemigo Ruy Velázquez que pide matar al mensajero, pero Al-Mansur se limita a apresarlo y Gustioz concibe un bastardo con la hermana de aquel. Al volverse adulto, el retoño vengará la muerte de sus siete hermanastros ejecutando a Velázquez, pues este los condujo a una emboscada en la que perecieron.

Desde el siguiente cruce asciende la calle Rey Heredia, cuyo trazado rectilíneo obedece a la fosilización de un ramal del *cardo maximus*. En ella puede verse lo que queda del antiguo convento de Santa Clara, fundado en 1256 y que ocupaba toda la manzana. Su iglesia, a la espera de restauración, es un palimpsesto arquitectónico de quince siglos: edificación tardorromana con mosaicos, mezquita califal e iglesia bajomedieval modificada entre los siglos XIII y XVIII, cuando se ejecutó la portada. El alminar pervive en la esquina con la calle Osio, por donde alcanzarás la plaza de Abades.

Si continuaras por la calle Alfayatas llegarías a la de Cardenal González, antiguo camino Real y hasta hace pocas décadas poblada de prostitutas maduras, pero te propongo doblar hacia el oeste por la de Martínez Rücker. A ella se abre la plaza de la Concha, donde arranca el azucaque más coqueto de la ciudad, puesto en valor con ACC. Aparece rotulado como Pedro Jiménez, aunque es conocido como calleja del Pañuelo por la angostura central equivalente a la diagonal de un pañuelo masculino. Al fondo, en una plazuela mínima, el agua del surtidor cae sobre un pilar inspirado en un brocal andalusí.

Siguiendo el camino llegarás a la puerta de Santa Catalina de la Mezquita. Costeando el muro del patio de los Naranjos, apenas entres en la calle Cardenal Herrero encontrarás la de Velázquez Bosco, antiguamente denominada de las Comedias por el corral que existió durante el siglo XVII. Desde ella parte la calleja de las Flores, el azucaque más fotografiado. Su plazuela, antiguo patio de vecinos, incorpora una fuente con columna, capitel y cruz de forja. Todo ello, el pavimento de cantos rodados, los arquillos y las macetas responden a la intervención de Víctor Escribano Ucelay con ACC. El perfecto encuadre de la torre de la Catedral ha contribuido a convertirlo en visita obligada para turistas prácticamente intransitable.

Lo más valioso de la calle Velázquez Bosco son los baños de Santa María, de probable origen califal, reformados en el siglo XIV por alarifes mudéjares y relativamente bien conservados. La bóveda de la sala templada se derribó en el siglo XVIII, cuando se elevó el suelo medio metro, seguramente para ocultar el estanque central. Su galería perimetral de arcos de herradura, pintados antes de 1920, descansan sobre columnas con capiteles califales de avispero –excepto uno visigótico– y cimacios de acarreo. La sala caliente posee bóveda de cañón con lucernas ahora cegadas, y en el lado oeste dos arcos de acceso a sendas piletas –uno cegado– flanquean un vano con doble arco que conduce a un aljibe. La sala fría no es visitable.

Al final de la calle se abre a mano derecha otra calleja sin salida, al fondo de la cual se accede mediante un pasadizo acodado a la magnífica casa Mudéjar. Se restauró para sede de Casa Árabe, organismo del ministerio de Asuntos Exteriores que ha celebrado en ella diversos encuentros internacionales. La conforman cinco mansiones de los siglos

XV y XVI, con algunos elementos del XIV e incorporaciones renacentistas y barrocas. Estas se enlazan mediante galerías, pasadizos o escalinatas que comunican sus cuatro patios empedrados. Son de interés sus alfarjes y yeserías, y las pinturas murales del piso superior, solo accesibles mediante visitas guiadas.

Finalmente saldremos a la plaza Agrupación de Cofradías y descenderemos por la calle Céspedes. De ella parte el callejón de la Hoguera, resultado de unir dos azucaques a través del patio de una casa durante la alcaldía de ACC. La inserción de dos pasajes abovedados, más un tercero en 1994 con el alminar de la mezquita de los Andaluces, le confiere cierta atmósfera magrebí.

El callejón desemboca en la calle Deanes, principal mercado de *souvenirs*, frente a la taberna Deanes. Fue residencia del Inca Garcilaso de la Vega, quien falleció el 23 de abril de 1616, la misma fecha en la que murió Cervantes –aunque más bien fue la fecha de su entierro, y habría muerto un día antes– y Shakespeare –aunque sucedió diez días después, porque entonces Castilla se regía por el calendario gregoriano e Inglaterra mantenía el juliano–. Pero, como suele decirse, eso es otra historia.

De sur a norte por las tres plazas monumentales

Este recorrido enlazará las tres plazas más conocidas del casco histórico –el Potro, la Corredera y Capuchinos–, y regresará siguiendo el multisecular eje del declive que divide la ciudad antigua: al oeste la terraza fluvial superior de la Villa –hasta 123 msnm–, y al este la inferior de la Ajerquía –veinte metros por debajo en su sector norte–, que convergen en la ribera en torno a 95 msnm.

Partimos de la plaza del Potro, denominación del siglo XIV probablemente por ser área asignada al comercio equino durante las ferias. El desarrollo mercantil de la zona, junto al camino Real de Castilla –calles Lucano y Lineros–, provocó una intensa urbanización del ejido hasta reducirlo a esta plaza oblonga. En Lineros existía una mancebía (prostíbulo), actividad extendida a otras casas del entorno que sobrevivió hasta hace pocas décadas. Ello hizo del Potro un lugar emblemático de la delincuencia bien conocido en los reinos peninsulares. Cervantes, que vivió parte de su infancia en la contigua calle Romero Barros por ser su abuelo cordobés, menciona en el *Quijote* a los agujeros (vendedores de agujas) como destacados personajes del hampa. Las citas se repiten en la novela picaresca –su *Rinconete y Cortadillo*, *Vida del escudero Marcos de Obregón* de Vicente Espinel o el anónimo *Estebanillo González*–, en la poesía burlesca de Góngora y Antón de Montoro, o los refranes recogidos por Gonzalo Correas.

El edificio más antiguo de la plaza es la posada del Potro, documentada desde el siglo XIV. En su primitiva construcción, que ha logrado mantener la estructura, se emplearon materiales propios de cualquier edificio popular: mampostería y ladrillo, enlucidos y encalados, junto a la madera de las vigas, los dinteles y la galería. En torno al patio se disponen todas las estancias salvo las delanteras, así como la cuadra. Las de la planta superior se comunican por una estrecha galería balconada sobre zapatas, a la que se accede por una escalera angosta. Tras servir de corrala hasta mediados del siglo XX, el Ayuntamiento la compró y la rescató de una ruina inminente. Desde 2013 acoge el Centro Flamenco Fosforito (CFF), dedicado

Cuesta del Bailío

al cantaor de Puente Genil. El desarrollo de contenidos y los textos del área museográfica instalada en la planta baja fue un trabajo que realicé por encargo.

La fuente renacentista de la plaza, que hasta 1874 se encontraba donde luego se instaló el triunfo de San Rafael diseñado por Verdiguier y procedente de San Hipólito, está coronada por una piña que soporta la figura equina apoyando sus patas en el escudo de Córdoba. Mediante largas cañas insertas en los surtidores, alimentados con el manantial serrano de Maimón a través de un acueducto romano, se llenaban los cántaros hasta la generalización del agua corriente en los hogares.

Frente a la posada se construyó el hospital de la Caridad. La portada plateresca de su iglesia y el pórtico son del siglo XVI, pero tanto su verja neogótica como la portada contigua neorrenacentista se realizaron entre 1917 y 1924. El hospital se convirtió en Museo de Bellas Artes en 1862, cuando Rafael Romero Barros, pintor costumbrista de indudable interés, fijó en él su domicilio en calidad de conservador y luego de director. Ello explica que desde 1931 el edificio albergue además el Museo Julio Romero de

Torres —su fachada policromada con trampantojos se alza en el flanco sur del bonito patio—, pues aquí nació en 1874 y falleció en 1930. Romero Barros fue profesor de sus hijos Rafael, Enrique y Julio, así como del escultor Mateo Inurria.

La excelente colección del Bellas Artes abarca obras mayormente de autores cordobeses o vinculados a Córdoba desde el siglo XIV hasta nuestros días, aunque solo expone una parte mientras aguarda una sede más amplia. El Museo Julio Romero de Torres, que aspira a ocupar todo el edificio, contiene en sus seis salas la mayor colección de este singularísimo pintor simbolista que captó el alma del folclore andaluz.

Desde el norte de la plaza, a mano derecha por la calle San Francisco, que forma recodo con la de Armas —nombre gremial de los espaderos—, y al llegar a un cruce siguiendo de frente, la de Sánchez Peña conduce a la Corredera costeando la plaza de las Cañas. En ella se celebraban los juegos de cañas, de origen morisco, simulaciones de combates hípicos entre cuadrillas de jinetes nobles que se las arrojaban a modo de lanzas y las paraban con adargas, escudos de cuero que Cervantes menciona al comienzo del Quijote.

El manierista mercado de Sánchez Peña fue proyectado por Juan de Ochoa entre ambas plazas como casa del Corregidor y prisión, que se trasladó al Alcázar en 1822. En 1845 este industrial cordobés instaló en él una fábrica de sombreros, y desde 1887 funciona como mercado de abastos. Tras la entrada principal, presidida por un escudo imperial, una escalera conduce al centro cívico de la planta superior. Desde él apreciarás mejor su sobrio patio con pórticos sobre columnas toscanas y techado mediante montera.

Durante el periodo andalusí, el espacio de la Corredera formaba parte de un ejido e importante nudo de comunicaciones entre la Medina y la Ajerquía, empleado como mercado de arrabal. En el siglo XV albergaba el rastro, mercado de carne y pescado, pero sus malos olores llevaron a trasladarlo en 1536 a la puerta del Sol –actual Cruz del Rastro– y luego al Campo de la Verdad.

La plaza era todavía un espacio alargado e irregular sin planificar y, junto con la de las Cañas –entonces solo su apéndice–, lugar de festejos, entre ellos las corridas, que entre los siglos XV y XVII estaban a cargo de nobles a lomos de caballos que corrían tras los toros –lo que explica el nombre de fiesta y de plaza–. Fue en el XVIII cuando los peones auxiliares se ganaron el fervor popular, desplazando a los caballeros con el toreo a pie.

El sustancioso alquiler de ajimeces –en su acepción de saledizos de madera– hizo que aquí se mantuvieran cuando se ordenó su derribo en otros lugares, pero tras una estampida ocasionada por su inminente derrumbe se acometió el proyecto de la actual plaza entre 1683 y 1687. En realidad, la regularización comenzó el siglo anterior en su flanco sur: el pósito –tras la fachada suroriental, pendiente de restaurar–, la cárcel y, a comienzos del XVII, la apertura de ajimeces en las casas de Pedro Jacinto de Angulo que tenían entrada por la calle posterior, conjunto proyectado por Ochoa de tres galerías superpuestas con numerosas ventanas enmarcadas por pequeñas columnas, ahora sede de UCO Cultura.

Por razones económicas la construcción de esta plaza mayor porticada, con una escenografía similar a las castellanas y las hispanoamericanas, se limitó a las dos crujías exteriores, pero los balcones corridos mantuvieron la rentabilidad de los viejos ajimeces. En el lugar del hospital de Nuestra Señora de los Ángeles se erigió la atractiva ermita del Socorro, cuya fachada recae a la plaza homónima, tras el arco Bajo.

La Corredera estuvo ocupada desde 1896 por un mercado central de abastos con estructura de hierro fundido, dejando su visibilidad limitada a las calles circundantes. En 1959 ACC logró su demolición, aunque se mantuvo su plataforma nivelada. En ella se excavaron galerías para compensar los puestos perdidos, momento en el que se desenterraron los mosaicos expuestos en el Alcázar. En superficie se mantuvo un mercadillo, complementado con el comercio de los soportales.

Entretanto el centro comercial fue desplazándose hacia el norte al tiempo que la población de la Corredera se reducía, envejecía y carecía de recursos. Ayuntamiento y Junta de Andalucía abordaron entre 1984 y 2001 un ambicioso plan de actuación: Juan Cuenca restituyó la pendiente original en granito e instaló un mobiliario urbano contemporáneo; Dolores Catalán y Juan Jiménez Povedano restauraron las crujías delanteras, y las fachadas, en ladrillo visto desde 1959, fueron nuevamente enfoscadas y pintadas de amarillo, rojo y verde; se rehabilitó el mercado, se restauraron las casas

Plaza del Potro

de Jacinto de Angulo y se edificaron algunas casas-patio de protección oficial. La Corredera es ahora lugar predilecto para paisanos y forasteros, aunque las macroterrazas ocupan gran parte de su superficie, y a falta de un plan de usos no cesa de gentrificarse y puede morir de éxito.

De los cinco accesos de la plaza, los principales son los arcos Alto al noroeste y Bajo al sureste, pues se elevan hasta la cornisa de la primera planta. Sin embargo, te propondré salir a unos metros de este por el callejón del Toril –nombre elocuente–, que discurre bajo el camarín de la virgen del Socorro. Luego doblaremos a la izquierda y continuaremos por las calles Juramento y Pedro López, giraremos a la izquierda y enseguida a la derecha hacia la del Huerto de San Pablo, al fondo de la cual se encuentra el histórico huerto y actual jardín de Orive.

Por aquí discurría la Via Augusta, calzada romana que accedía al *decumanus maximus* –eje principal este-oeste–, desviada hacia el norte cuando en el siglo I d. C. se construyó el circo, aunque un siglo después fue desmantelado y usado como cantera de materiales. En el periodo omeya, conforme se poblaba la Ajerquía, se estableció una almunia, y en el siglo XII se urbanizó con un conjunto de casas con zócalos decorados.

Tras la conquista cristiana, la orden de predicadores fundó el convento de San Pablo en esta extensa manzana. Al cabo de seis siglos y tras la desamortización, el ruinoso cenobio fue derribado –excepto el templo y la sala capitular– y el huerto pasó a manos del propietario del palacio. En 1904 se entregó la iglesia a los claretianos, que erigieron un edificio anexo neomudéjar. En 1992 el Ayuntamiento adquirió el palacio y la huerta para configurar el primer parque público dentro del casco histórico. Además, se procuró intervenir lo menos posible, dejando salvaguardada como reserva arqueológica esta gran manzana y permeabilizándola mediante cuatro accesos en sus puntos cardinales, de los cuales –y a falta del oriental– acaba de concluirse el occidental.

El de Orive es mi parque preferido, y en su flanco occidental se alza la sala Orive, mi salón de actos predilecto. Esta sala capitular, proyecto que Hernán Ruiz III no pudo finalizar, quedó sin cubrir. La intervención de 2008 mantuvo sus muros desnudos e incorporó una cubierta de cristal sustentada por una retícula de vigas metálicas y un foyer neutro en su costado. Resulta curiosa la embocadura manierista del ábside, pues no se corresponde con el resto del edificio, así como la grieta de su muro occidental, originada quizá durante el terremoto de Lisboa de 1755, en la que se insertó una tira de luces. Junto a la salida norte se encuentra el palacio de Orive o de los Villalones, ahora sede de la delegación municipal de Cultura. Realizado por Hernán Ruiz *El Joven*, sobre el dintel de la portada aparece una amazona flanqueada por cartelas de leones. Destacan también las arcadas del mirador del tercer cuerpo.

Por la calle Villalones saldremos a la de Fernán Pérez de Oliva, donde se encuentra la portada neobarroca del cine de verano Coliseo de San Andrés. Inaugurado en 1935, es el más antiguo de los cuatro que han sobrevivido del medio centenar que hubo hacia 1950-1960 –aunque la tradición se remonta a los años 20– gracias al tesón del empresario Martín Cañuelo, recientemente fallecido. Presenta un conjunto residencial en torno al gran patio pentagonal con suelo de albero, tapias encaladas y engalanadas con jazmines y dama de noche, ambigú y un escenario donde actuaron grandes figuras de la ópera flamenca.

Al norte de la calle verás la portada occidental plateresca de la parroquia de San Andrés. Esta iglesia *fernandina* –más adelante aclararé el término– se remonta a 1246, si bien en el siglo XVIII, bajo el prolífico episcopado de Marcelino Siuri, fue modificada completamente al girar su orientación noventa grados: la nave original pasó a ser el transepto, y las nuevas naves se construyeron en su costado norte ocupando el cementerio parroquial, con lo cual el presbiterio quedó en el costado sur. El campanario data de 1580, y sigue el modelo del de San Lorenzo, con el cuerpo superior girado. Cabe resaltar su retablo de la Asunción, en el antiguo sagrario, un raro ejemplo en Córdoba del siglo XVI, así como el del altar mayor, trazado por Duque Cornejo entre 1752 y 1765. Junto a la iglesia y tras un pequeño jardín se halla la casa solariega de los Luna, de finales del siglo XVI. En la esquina presenta dos balconcillos en ángulo con columna de entibo y enmarque labrado en piedra.

Seguidamente ascenderemos por la calle San Pablo para girar a la derecha por la de Santa Marta, que conduce al convento del que toma su nombre y lo rodea por ambos lados. Data de 1459, y la portada de su iglesia, visible desde el compás –en el nº 10–, es obra gótico-flamígera de Hernán Ruiz I. Siguiendo hacia la izquierda llegarás a la plaza de la Fuenseca, pequeña y nada atractiva salvo en su fachada oriental, presidida desde 1808 por la fuente homónima. Julio Romero de Torres, parroquiano de la cercana y desaparecida taberna del Bolillo, la representó en algunos de los oníricos fondos de sus lienzos, donde combinaba rincones urbanos distantes. En *La Buenaventura*, por ejemplo, aparece invertida –con el mirador de la marquesa de Mejorada a la derecha– junto al Cristo de los Faroles y a la fachada del conservatorio Rafael Orozco.

Su sistema de captación, propio de los *qanat* persas, se generalizó en Al-Ándalus, lo que invita a suponerle un origen anterior al siglo XIII, momento en el que aparece documentada. Al ser la principal fuente pública bajomedieval favoreció la urbanización de esta área, poco poblada hasta el siglo XV.

Entonces se ubicaba al pie de la cuesta del Bailío, pero con el paso del tiempo perdió caudal –quizá por el robo de agua en su conducción– y solo manaba en época de lluvias, de ahí su nombre y la decisión de trasladarla a esta cota más baja. La puerta contigua da paso desde 1945 al cine de verano Fuenseca.

Ya en la calle Juan Rufo, donde en 1281 se estableció una carnicería con matadero y vaquería, unos metros más abajo encontrarás la histórica taberna de la Fuenseca. Se abrió en 1850, y dispone de pequeños reservados para tertulias culturales y taurinas, pues viene siendo lugar de encuentro de artistas –Inurria fue uno de ellos– y de flamencos que se reúnen en torno a la peña del *tocaor* Merengue de Córdoba. Cuenta asimismo con sala de exposiciones en el piso superior. El tabernero actual y guitarrista Jesús Alamillos ha preservado su esencia para disfrute de los parroquianos, en lugar de ceder a la tentación de convertirla en restaurante.

Ascenderemos ahora por la calle hasta llegar a la de Alfaros, sector norte del eje que divide la Villa de la Ajerquía. Los restos de la antigua muralla solo son visibles en su extremo norte, donde se alza desde el siglo XIV la torre octogonal de la puerta del Rincón. Pero antes se encuentra la cuesta del Bailío, abierta en el siglo XVIII tras derribar un portillo citado en el XIV. En 1943 el proyecto de Escribano Ucelay le dio el aspecto actual, con una escalinata empedrada en chino cordobés y una fuente neobarroca bajo la terraza superior. Si a ello le añadimos las paredes encaladas que la flanquean, la fachada del antiguo palacio, el ciprés que la acompaña, la espadaña de la iglesia de los Dolores y la frondosa buganvilla que brota del huerto de los Capuchinos, tendremos una de las estampas más hermosas de esta ciudad.

La casa del Bailío ocupaba en su origen toda la manzana, aunque hoy día solo una pequeña parte es sede de la Biblioteca Viva de Al-Ándalus. Perteneció a una rama bastarda de los Fernández de Córdoba, concretamente a un bailío −caballero de la orden de San Juan− sobrino del Gran Capitán. En su portada goticista, atribuida a Hernán Ruiz II o a su escuela, el tímpano del arco conopial enmarca una ornamentación vegetal de *candelieri* renacentista.

El callejón de la derecha te conducirá a la oblonga plaza de Capuchinos, un recinto minimalista de paredes encaladas y empedrado original que transmite espiritualidad. Su fama se debe a la escultura labrada en piedra y mármol blanco del Cristo de los Desagravios y de la Misericordia, obra de Juan Navarro León o de Alonso Gómez de Sandoval erigida en 1794 y rodeada por ocho faroles que le han otorgado su nombre tradicional: *Cristo de los Faroles*. La verja en forja data de la década de 1920.

Esta plaza era compás del convento del Santo Ángel, donde los franciscanos capuchinos se instalaron en 1633, pero se abrió al público en 1730. Tras la exclaustración de 1836 el convento fue derribado salvo su iglesia, aunque los frailes regresaron en 1905. En el flanco oriental, la fachada de la iglesia del Santo Ángel o de los Capuchinos está exenta de todo ornamento salvo la hornacina de San Francisco. En el lado sur se encuentra el antiguo hospital de San Jacinto, fundado en 1596 en otro lugar y edificado sobre la parcela septentrional del Bailío entre 1728 y 1731. Su iglesia fue dedicada a la virgen de los Dolores, cuya imagen realizó Juan Prieto. Tal es el fervor mariano de la ciudad por ella que cada Viernes de Dolores miles de devotos pueblan la solitaria plaza para rendirle culto.

Esta desemboca en la calle Conde de Torres Cabrera, así denominada por el palacio del siglo XVII, remodelado en el XIX al estilo de las villas italianas y ubicado en la segunda manzana en dirección sur. Aquí comienza la calle Ramírez de las Casas Deza, donde encontrarás la portada barroca del hotel Palacio del Bailío, entrada de carruajes de dicho palacio segregado. En él se conservan los impresionantes restos de una vivienda romana: un lado del peristilo con su galería columnada, el enlosado de mosaicos y partes de algunas estancias con decoración mural. Solo son accesibles mediante visitas concertadas, pero se pueden contemplar a través del suelo acristalado del antiguo patio y actual comedor.

Desde el hotel, la calle Cardenal Toledo y la plaza homónima te conducirán a la calle Carbonell y Morand. El nº 18 corresponde a la iglesia barroca del antiguo convento del Cister –ahora habitado por otra orden–, con interesantes retablos. Frente a ella y extendiéndose a la calle Alfonso XIII verás una fachada profusamente decorada mediante cornisas, pilastras, antepechos y volutas con motivos geométricos y vegetales. Este edificio modernista de reminiscencias barrocas proyectado por Castiñeyra y finalizado en 1907 tuvo, entre otros usos, el de sede del Gobierno Civil, aunque ahora alberga el IES Maimónides. Resulta abrumador el balcón que corona el arco de entrada, con columnas que sostienen un frontón con el escudo de la ciudad.

La calle de Alfonso XIII desciende hasta el núcleo civil de Córdoba desde el siglo XVI, la de Capitulares. Frente al Ayuntamiento se encuentra la portada barroca con columnas salomónicas del compás de San Pablo, convento cuyo huerto y cuya sala capitular ya conoces.

Tras la conquista castellana de 1236, Córdoba se dividió en catorce barrios o collaciones presididas por otras tantas parroquias, erigidas entre los siglos XIII y XIV. Algunas de aquellas iglesias *fernandinas* aprovecharon las estructuras de mezquitas de barrio preexistentes, pero todas siguieron un modelo con características comunes:

-Construcción maciza de piedra, con la sobriedad heredada del movimiento cisterciense.

-Planta de tres naves sin crucero, la central más alta y ancha.

-Cubiertas de artesonado para reducir costes y tiempo de edificación –reemplazadas por bóvedas encamonadas barrocas y reconstruidas en los siglos XX y XXI.

-Cabecera de triple ábside con bóvedas nervadas, el central precedido por un tramo rectangular con otra unida mediante espinazo burgalés.

-Formas ojivales en las portadas, los arcos formeros, el toral y los del muro armado.

-Tres portadas, la principal a los pies de la nave y las secundarias en las naves de la epístola y del evangelio.

-Rosetón en los pies de la nave central, complementado a veces por otro de menor tamaño sobre el arco toral.

-Rasgos mudéjares ocasionales en los rosetones y en las portadas.

Estas formas se aplicaron a las dos grandes fundaciones monásticas del momento, cuyas advocaciones conmemoraron el día de la capitulación: San Pedro el Real y San Pablo. A la fachada principal de San Pablo se le incorporó una portada manierista. A su derecha se alza un carrillón que los claretianos compraron en 1900 procedente de la Exposición Universal de París, que ahora suena siete veces diarias.

En el interior destaca el artesonado con lacería mudéjar de la nave central, fechado en 1536, y la capilla ochavada del Rosario,

Cristo de los Faroles

obra del siglo XV con un espléndido camarín barroco de mármol polícromo. La llamativa capilla del Cristo de la Expiración, a la entrada, fue realizada a comienzos del siglo XX por Castiñeyra e Inurria con yeserías que imitan la Capilla Real de la Mezquita.

Junto al Ayuntamiento se encuentra el Templo Romano, aunque su elemento más llamativo, las columnas, se hicieron en hormigón en 1963, con solo dos capiteles originales. Otros elementos de las columnas se conservan repartidos entre el yacimiento, el Alcázar, la plaza de las Doblas y el Museo Arqueológico. Siglos atrás esta calle se llamaba de los Marmolejos, probablemente por los abundantes mármoles romanos, y se constataron dichos vestigios cuando comenzó a levantarse el Cabildo Nuevo en el siglo XVI. Pero la apertura de la calle Claudio Marcelo a partir de 1878 y la proyectada ampliación del consistorio precipitaron el hallazgo, pendiente de interpretar hasta que en 1951 arrancaron las excavaciones que prosiguen hoy día.

Se trata de un templo de orden corintio edificado entre los años 41 y 96 sobre un podio. Este, junto con el altar que lo precedía, descansaba sobre una terraza que sobresalía de la muralla y se rodeaba mediante un pórtico excepto en el flanco oriental, de modo que ofreciera una poderosa vista desde la Via Augusta. Como había que salvar un acusado desnivel, al muro de contención se le adosaron unos contrafuertes en abanico o *antérides*, obra original visible tanto desde la calle como dentro del Ayuntamiento. Forman el límite occidental de la plaza intermedia entre templo y circo, de manera que Capitulares no es sino la propia fosilización de dicha plaza.

Al sureste de esta calle, la de Rodríguez Marín o de la Espartería desciende hacia el arco Alto de la Corredera, pero continuaremos hacia el sector meridional del eje divisorio entre Villa y Ajerquía. Tras el primer tramo en curva, denominado Diario de Córdoba y donde en 1537 se abrió la cuesta de Luján para comunicar la Villa con el nuevo centro urbano, toma el nombre del barrio de San Fernando. Desde la bocacalle de Maese Luis su trazado se endereza, se ensancha, se puebla de naranjos y adquiere un particular encanto con su suave declive y las lomas de la Campiña en el horizonte.

Esta vía posee una enorme importancia histórica. Tras las casas de la acera derecha se encuentra la muralla de la ciudad romana, que probablemente se situó en este lugar porque lo que ahora es calle era entonces cauce de un arroyo tributario del Guadalquivir que servía de foso. Cuando Sancho IV otorgó a la ciudad el privilegio de celebrar dos ferias francas anuales como apoyo a la repoblación, se le asignó este emplazamiento, un amplio ejido preservado por razones defensivas que pasó a denominarse calle de la Feria, y así seguimos nombrándola.

Los comerciantes fueron instalando sus tenderetes junto a la muralla, a la que llamaban con todo acierto muro de En Medio. Transcurrido el tiempo, aquellos quioscos se consolidaron como casatiendas adosadas a la muralla. Se originó así una tipología específica de edificación, donde la escasa profundidad del solar y la imposibilidad de incorporar el tradicional patio se compensó en altura, hasta tres plantas, y se dotaron de amplios vanos en su fachada. Otro tanto sucedió con los tenderetes orientales, ya sin límites de profundidad. Unas y otras disponían de ajimeces que se alquilaban para la feria, las procesiones y demás espectáculos, y cuyo derribo ordenó el Cabildo Municipal en 1551.

En 1677, ya erigida la ermita de Nuestra Señora de la Salud, comenzó a celebrarse la feria de mayo junto a ella bajo su advocación. La feria ganadera se mantuvo aquí, alrededor del Potro, hasta que en 1803 la trasladaron a la puerta de Gallegos, y entre 1820 y 1994 la feria de Nuestra Señora de la Salud se celebró frente a dicha puerta, en el Campo –luego paseo– de la Victoria. Tras estos 174 años se creó un nuevo recinto exprofeso, el del Arenal, de modo que al cabo de tres siglos ya no es esta la calle de la Feria, sino la calle que conduce a la feria, después de cruzar el meandro de Miraflores por los dos puentes.

Frente a la fuente barroca, que sirvió de abrevadero cuando tenía pilón circular y era conocida ya en el siglo XV, se conserva la portada de la ermita dieciochesca de la Aurora, y al fondo del solar los restos de la muralla. Más abajo, el pasaje escalonado de 1965 y recuperado en 2007 está dedicado a Junio Galión, hermano de Séneca y procónsul. Conduce a la calleja de San Eulogio, que por el norte desemboca en la plaza de Séneca. En ella hay una fuente con capitel romano y un togado romano decapitado junto a la casa del Marqués del Villar, que da nombre a la calle trasera, donde se trasladó la portada barroca de la iglesia de Santa Ana de Lucena como puerta posterior del museo Arqueológico.

En la calle Ambrosio de Morales, algo más arriba hay dos edificios históricos: el exconvento de monjas dominicas del Corpus Christi, del siglo XVII y ahora sede de la fundación Antonio Gala, y enfrente el Teatro Cómico Principal, fundado en 1799, incendiado en el siglo XIX y reconstruido más tarde con pilares de fundición. El auditorio, inspirado en los corrales de comedias, acoge exposiciones y conciertos.

De regreso por la calleja de San Eulogio, esta desemboca en el cruce que conociste en el capítulo 4. A mano izquierda se encuentra el portillo de San Francisco o de Corvache. De probable origen andalusí y documentado en el siglo XIII, es el único que se conserva entre la Villa y la Ajerquía. Frente a él, una portada barroca da acceso al compás de San Francisco, perteneciente al referido convento franciscano de San Pedro el Real. Al contrario que en San Pablo, los terrenos de su huerto se enajenaron y urbanizaron en el siglo XIX, momento en el que el bello claustro del siglo XVII perdió dos de sus cuatro pórticos. Observa que los arcos de medio punto superiores equivalen a la mitad de los inferiores, por lo que su número se duplica. En 1877, debido a la ruina de San Nicolás de la Ajerquía, se trasladó aquí la parroquialidad bajo la advocación de San Francisco.

El templo fernandino fue muy modificado durante el siglo XVIII en estilo barroco. Tras la portada de mármol gris con pilastras molduradas se accede a la nave única con transepto y cabecera de triple ábside. El coro alto se prolongó por ambos lados en sendas tribunas, se incorporó una bóveda de cañón con lunetos y se cubrió el crucero con una magnífica cúpula oval sobre pechinas.

Los cinco altares y seis capillas que flanquean la nave contienen notables retablos –el del Ecce Homo acoge un busto atribuido a Luisa Roldán *La Roldana*–, al igual que los de los brazos del crucero. Especialmente llamativo es el del altar mayor, obra de Teodosio Sánchez de Rueda con una poderosa escenografía que se adapta a la concavidad del ábside. También destaca la soberbia talla manierista del *Cristo de la Caridad* con la Dolorosa a sus pies, en la capilla del Sagrario; el pequeño retablo de San Eloy, patrón de los plateros –prestigiosa industria artesanal reunida en torno a su cofradía en el siglo XVI–, entre esta capilla y la mayor; y del repertorio de lienzos del siglo XVII el *San Andrés* de Valdés Leal en el presbiterio, así como la *Adoración de los pastores* en el altar del Nacimiento y *La incredulidad de santo Tomás* en el crucero, ambos de José de Sarabia. En el ábside del evangelio se retiraron las yeserías para mostrar la bóveda nervada original.

De regreso a la calle de la Feria verás de nuevo a tu izquierda la calle San Francisco, cuyo nº 6 corresponde a la fachada norte –la otra da a la calle Romero Barros– de la taberna de la Sociedad de Plateros de San Francisco, edificio del siglo XVII con un bonito patio porticado en dos de sus lados. Abierta en 1872, fue la primera de las fundadas en la ciudad por esta mutualidad de socorro para afrontar las crisis de demanda y por alza de precios. Su segunda taberna fue la de la plaza de Séneca, que antes de 1880 era granero y ahora es hotel.

Al volver a la calle de la Feria verás más abajo el palacio de los marqueses de El Carpio, cuya fachada oeste viste en la calle Cabezas. Fernando III otorgó propiedades en el lugar más vulnerable de la ciudad, este muro de En Medio, a los adalides de la conquista. De ese modo los Méndez de Sotomayor –fundadores de dicha localidad cordobesa a partir de la torre de Garci Méndez– erigieron aquí la única casa fortaleza conocida. La torre anexa al arco es una reconstrucción de un torreón de la muralla. Desde 1933 Casto Fernández Shaw dirigió la profunda modificación del palacio, cuando se abrió este arco y se desenterraron los restos de una casa romana en el subsuelo.

Y ahora te invito a tomar la calle de Lucano, la próxima a la izquierda, punto de partida del siguiente itinerario.

Ajerquía

La unidad urbana de la Ajerquía es la más
extensa de las tres amuralladas que conforman
el casco histórico. Una vez recorrido su sector
occidental, los paseos por el centro y el este
de esta área de origen emiral te proporcio-
narán singulares descubrimientos alejados de
la masificación turística.

Partiremos del nº 32 de la calle Lineros,
prolongación de Lucano. Aquí están las bodegas Campos, dedicadas desde 1908 a la
crianza de vinos de Montilla y Moriles y que
hoy día albergan un prestigioso restaurante.
Durante siete décadas la empresa familiar ha
recuperado diez inmuebles aledaños de los
siglos XV a XIX vinculados a un mayorazgo fragmentado. El resultado, plasmado en
una fundación, es un verdadero museo de

arquitectura popular, un dédalo de estancias organizadas alrededor de nueve patios que solo tiene parangón con el palacio de Viana. Frente a su portada hay un altar de 1801 dedicado a san Rafael, san Acisclo y santa Victoria, con una hornacina para la virgen de la Candelaria.

A continuación, por la calle de Carlos Rubio y luego a mano derecha por la de la Rosa, alcanzarás la parroquia fernandina de San Pedro. Según la tradición, aquí existió durante el periodo andalusí una basílica dedicada a los mártires romanos Fausto, Genaro y Marcial, reutilizada más tarde como mezquita. Testimonio de la permeabilidad del terreno es el brocal del pozo que hay en la nave de la epístola. La fachada renacentista se debe a Hernán Ruiz *El Joven*, quien concibió la portada como un arco triunfal coronado por una serliana. El ábside de la nave central se apoya en dos arbotantes.

El retablo mayor se realizó entre 1732 y 1760, y el altar de la epístola muestra un lienzo del santo titular atribuido a Valdés Leal, pero el elemento más destacado es la capilla de los Santos Mártires, ejecutada entre 1742 y 1790. Constituye un alarde de barroquismo en el que la ornamentación de estucos, el retablo con camarín, la rejería de forja, las tallas de ángeles, los óleos sobre la Santa Cena y la aparición de los cinco caballeros al padre Roelas y, de manera especial, el arca de plata con las reliquias, configuran una

Fuensanta y humilladero

puesta en escena inmejorable para alimentar el fervor popular.

En 1575 se descubrió en el subsuelo del templo una tumba con restos óseos de dieciocho cadáveres que enseguida se atribuyeron a los mártires de Córdoba. Si a ello le sumamos el impulso de la Contrarreforma —el concilio de Trento concluyó doce años antes—, el patronazgo del piadoso Felipe II, el refrendo de su cronista Ambrosio de Morales y la campaña orquestada por el padre Roelas tres años después, de poco sirvió que se rindiera culto a los mártires en el convento homónimo: las osamentas de San Pedro pertenecían, y aquí acababa la discusión, a los santos mártires, donde habrían sido reunidos y enterrados para salvarlos de los integristas almorávides —y de la masiva exportación de reliquias en los siglos anteriores, pues Córdoba resultaba sumamente atractiva como cantera martirial dentro y fuera de la Península por su preeminencia en los periodos romano y andalusí.

En la calle de Alfonso XII, cerca del templo, se encuentra la monumental fachada del palacio del vizconde de Miranda, erigida en 1766. La preside una portada de mármol rosa y gris, y se divídide en nueve tramos separados en la planta superior por pilastras que soportan el entablamento. Pero como denunciaba el psiquiatra y ensayista Carlos Castilla del Pino en su columna *Apresúrese a ver Córdoba*, el palacio fue derribado para edificar una promoción residencial absolutamente horrible, cochera incluida.

Regresemos a la plaza de San Pedro para continuar hacia el este por la calle Agustín Moreno. El nº 6 corresponde al convento de Santa Cruz. Mi madre y mi tía solían acudir aquí los jueves a rezarle a santa Gema Galgani (1878-1903), y yo las acompañé en algunas ocasiones siendo niño. Como no eran especialmente religiosas, una vez le pregunté la razón de estas visitas, a lo cual respondió: «Ay, hijo, si es por darnos un paseo». Obviamente, ante tal respuesta no cabía argumentar nada más.

Fundado en 1474 por el señor de Fernán Núñez y su esposa sobre una casa solariega compuesta por varias viviendas, constituye una compleja trama en torno a varios patios y un huerto, algo común en las fundaciones femeninas. El compás presenta un pórtico en el flanco meridional y una galería de madera –desde la que se accede a las habitaciones de la hospedería– sobre las bóvedas del occidental. En su iglesia destaca el retablo mayor dieciochesco, los zócalos de azulejería con motivos vegetales y el retablo de Belén, frente a la puerta, con once cobres flamencos en torno a la virgen titular. Mediante visitas guiadas puedes conocer la casa de novicias, cuyo torreón ofrece hermosas vistas, y la casa barroca, decorada con placas geométricas que conforman trampantojos comparables a los del palacio de la Merced.

Más adelante, en la calle Siete Revueltas, se halla la casa de las Campanas. Fue un palacio mudéjar en estilo nazarí de finales del siglo XIV o comienzos del XV, del que se conserva la fachada oriental, con pórtico de arcos peraltados, de los cuales dos son lobulados, sostenidos por columnas con capiteles de pencas. En su galería con cubierta de alfarje se abre una puerta cuyo arco se inscribe en un doble alfiz con celosías, todo ello recubierto de atauriques y lacerías. El inmueble, que en algún momento albergó una fundición –de ahí su nombre–, se convirtió en casa de vecinos, a la que corresponde el patio interior, y en molino harinero. Actualmente pertenece a la asociación de Amigos de los Patios Cordobeses, que programa actividades culturales.

Casi frente a la bocacalle se ubica la parroquia de Santiago, iglesia fernandina que aprovechó como campanario el alminar de la mezquita del Sabular. Dicho arrabal se implantó en un camino romano flanqueado por una necrópolis y fosilizado en este eje meridional. Su portada principal, bajo el rosetón, recae en la calleja Ronquillo Briceño, alcalde milanés al que se debe la Corredera. Data del siglo XIV, al igual que la capilla de la Anunciación, cubierta con bóveda nervada. En el XIX se configuró el pórtico y su portada adintelada. Tras un incendio y un derrumbe parcial fue restaurada en 1990, abriéndose un tragaluz para iluminar el ajimez del alminar. El baldaquino procede del pabellón del Vaticano en la Exposición Universal de Sevilla.

A la contigua plaza de Valdelasgranas recae el CEIP Caballeros de Santiago, donde se instaló dicha orden en 1295, y la Escuela de Arte Dionisio Ortiz, palacio de los Marqueses de Benamejí y domicilio del marqués de Talavera en *La feria de los discretos*, de Pío Baroja, novela recomendable que retrata a Córdoba en vísperas de la revolución de 1868.

Al final de la calle, donde estuvo la puerta de Baeza, pervive la fuente barroca de Campo Madre de Dios. Si avanzas cuatrocientos metros alcanzarás el santuario de la Fuensanta. Fue erigido al pie del desaparecido arroyo de las Piedras, que hasta 1960 discurría entre huertas camino del Guadalquivir. Dice la leyenda que en 1442 se le apareció la Virgen, San Acisclo y Santa Victoria a un artesano atribulado por las enfermedades de su esposa y su hija. La Virgen le ordenó que bebieran el agua que allí manaba. Las dos mujeres sanaron, sanó igualmente un ermitaño hidrópata y acto seguido se descubrió junto al manantial una imagen mariana.

En los años siguientes se edificó el humilladero y el templo, con arcos apuntados y bóveda de crucería en la capilla mayor. La imagen mariana, realizada en arcilla policromada en aquel siglo, preside un camarín del XVIII, cuando adquiere la condición de copatrona de la ciudad en detrimento de la de Villaviciosa. La fachada principal y su espadaña son del XVII, como el pórtico del patio anejo, ornamentado con naranjos y palmeras. Yo conocí el pórtico atiborrado de exvotos, aunque solo conserva los más exóticos: un caimán embalsamado, tres hocicos de pez sierra y una costilla de ballena. Observa los azulejos y placas de mármol que indican el nivel del río en sus mayores inundaciones.

El humilladero, construido para alojar la fuente luego convertida en pozo, con brocal

Iglesia de la Magdalena

neogótico de Inurria, es un templete con arcos ojivales en tres de sus lados y bóveda de crucería estrellada. El 8 de septiembre, efeméride del milagro, es fiesta local de la Fuensanta, nombre femenino de raigambre local –mi prima, por ejemplo–. En torno a esa jornada se celebra una feria menor, la *Velá* de la Fuensanta, cuya tradición principal es la venta de campanillas de barro para los pequeños.

Si regresas al Campo Madre de Dios y giras a la derecha llegarás al Campo de San Antón, donde desemboca la calle Alfonso XII y donde estuvo la puerta Nueva. Al norte queda el exconvento del Carmen Calzado, edificio del siglo XVI convertido en hospital materno-infantil tras su desamortización y sede de la facultad de Derecho desde 1983. Posee dos elementos de sumo interés: el conjunto de doce lienzos de Valdés Leal que ocupan el retablo mayor de la que hoy día es parroquia, y el magnífico claustro, el mayor de Córdoba, de fácil acceso por la calle trasera, Historiador Domínguez Ortiz.

Esta conduce a la Ronda de Andújar, que parte del Campo de San Antón y se prolonga como calle Arroyo de San Lorenzo. Por aquí discurría la muralla de la Ajerquía, y a sus pies el riachuelo que, atravesando la ciudad baja y salvado mediante puentecillos, quedó fosilizado en el trazado urbano y en su toponimia, desde la plaza de la Lagunilla, junto a la que entraba por una reja bajo la muralla, hasta la calle Arroyo de San Rafael, frente a donde salía por otra reja en la muralla a este eje para discurrir junto al camino Real y desembocar en el río. Su imagen no era precisamente idílica: se obstruía con frecuencia por falta de limpieza y acumulación de basuras, lo que provocaba inundaciones, infecciones y epidemias. En 1882 se construyó aquí un colector y se alinearon sus fachadas, aunque sorprende el doble rasero de la burguesía gobernante: 15 metros de anchura para esta ronda frente a los 160 del paseo de la Victoria. Claro que este último bordeaba sus lugares de residencia, mientras que la Ajerquía era predominantemente proletaria.

Frente a ti se ubicaba la puerta de Andújar, una fortaleza –la torre de los Donceles– cuyo derribo en 1868 resultó polémico, y seguidamente verás la plaza de la Magdalena, que también fue lugar de celebraciones y festejos taurinos. Su jardín resulta agradable, y al sur se conserva la antigua parroquia de la Magdalena, templo fernandino que tras un siglo de vicisitudes fue restaurado a finales del siglo pasado. Ahora es sala de conciertos cuya escasa presencia de elementos mobiliarios sacros permite disfrutar de la pureza de líneas del templo desnudo.

Frente al cruce de cinco calles en el extremo de Arroyo de San Lorenzo encontrarás la parroquia de San Lorenzo. Aquí existió el arrabal califal –donde nació Ibn Hazm– de la almunia de Al-Mugira, perteneciente a este hermano de Al-Hakam II bajo cuyo reinado se construyó su mezquita de barrio. La parte inferior del campanario pertenece al alminar, por el que podrás ascender el primer tramo de escaleras que te conducirán al cuerpo de campanas para disfrutar de hermosas vistas.

San Lorenzo es para mí la más bella de las iglesias fernandinas. A ello contribuye su magnífica ubicación en este cruce de la antigua Via Augusta, el pórtico incorporado tras su construcción –probablemente para ocultar el descuadre entre alminar y fachada–, el rosetón principal, con arquillos entrecruzados que imitan la decoración almohade de sebka, el propio campanario, proyecto en el que Hernán Ruiz *El Joven* dispuso el segundo cuerpo girado 45 grados, y los frescos italianizantes del siglo XIV que cubren bóvedas y paramentos de la capilla mayor: el ciclo de la Pasión, la Anunciación junto a imágenes de profetas y santos. Se descubrieron en 1966, por lo que ahora el retablo mayor está repartido entre la nave derecha y la capilla del Sagrario, una de las dos capillas góticas contiguas a los ábsides laterales.

En este barrio prendió la mecha del Motín del Pan. Tras la sequía de 1651 los acaudalados acapararon trigo, su precio se disparó y el pueblo no podía pagarlo. El 6 de mayo del año siguiente una vecina recorrió el barrio con su hijo muerto de hambre en brazos, originando una revuelta en la que 6.000 amotinados requisaron el grano y lo llevaron a la parroquia. Felipe IV dispuso una partida de trigo y concedió perdón a los cabecillas.

A la derecha del pórtico la calle Roelas, donde vivía dicho sacerdote, te conducirá hasta la plaza de San Rafael. Tras su fallecimiento en 1587 la casa se convirtió en lugar de devoción, germen de la iglesia del Juramento de San Rafael, un edificio neoclásico (1796-1806) con sobria fachada entre dos campanarios, pero cuyo interior combina un espacio basilical longitudinal con otro circular propio de las iglesias conmemorativas, rematado en cúpula semiesférica sobre un tambor sustentado por poderosos contrafuertes exteriores. Ambos espacios se rodean mediante un deambulatorio cuyas bóvedas soportan una tribuna con celosías –que alberga un pequeño museo– y sobre el cual corre una potente cornisa. Al fondo del presbiterio elevado, una bóveda acoge el templete dorado presidido por el arcángel, obra de Alonso Gómez de Sandoval.

Seguidamente saldremos de la plaza por su extremo opuesto, girando a la izquierda hacia la calle Arroyo de San Rafael para regresar al cruce anterior y tomar la de María Auxiliadora, que costea San Lorenzo por la derecha. La muralla bajomedieval que corría paralela a esta calle por el sur perdura en la plaza del Gamo, frente al costado del teatro Avanti.

En la calle María Auxiliadora encontrarás la taberna restaurante de la Sociedad de Plateros de María Auxiliadora, de la que soy asiduo cliente. Fundada en 1930, sus galerías y salas y su bodega se articulan alrededor de

San Lorenzo

un amplio patio con montera y porticado con arcos pintados en rojo y blanco. Una escalinata asciende a un extenso patio con naranjos, limoneros y macetas. La taberna ofrece los históricos vinos criados en bodega propia: los finos Peseta y Platino, el oloroso Oro Viejo y el Pedro Ximénez Oro Dulce. Tiene buena cocina, y mi especialidad preferida es su ciervo estofado. Ten en cuenta que la Sierra Morena cordobesa, de 3.400 kilómetros cuadrados, es un enorme desierto demográfico con vastas extensiones cinegéticas, razón que justifica la arraigada tradición de nuestros platos de caza.

La calle desemboca en la plaza del Cristo de Gracia o del *Alpargate*, cuyo jardín preside una fuente barroca de tres pilares con el escudo de la ciudad. En el vecino convento de trinitarios descalzos falleció su fundador, Juan Bautista de la Concepción. Su iglesia, del siglo XVII, es la actual parroquia de Nuestra Señora de Gracia. En su fachada tardomanierista destaca el programa escultórico del cuerpo central, presidida por el ángel presentando a los cautivos a la Santísima Trinidad en la hornacina principal. La nave de la epístola pasó a ser capilla del Santísimo Cristo de Gracia, con exuberantes yeserías barrocas, las reliquias del fundador y el retablo *El Esparraguero*, popular crucificado procedente de Puebla de Zaragoza (México) realizado en pasta de caña. En el brazo derecho se expone la imagen de vestir de Jesús Nazareno Rescatado, obra barroca de Fernando Ruiz Díaz de Pacheco. La devoción por ella hace que la iglesia se conozca como la del Rescatado.

La contigua Ronda del Marrubial bordea la muralla de tapial del siglo XIV, reconstrucción de la erigida dos siglos antes por los almorávides. Tras ella, y ocupando desde 1992 gran parte de la huerta trinitaria, se encuentra el jardín de los Poetas, proyecto de Juan Serrano de inspiración nazarí en el que el agua discurre por una atarjea desde un estanque circular hasta otro abrazado por una pérgola semicircular. Tanto Serrano como Duarte, autor del mural que hay al noroeste, formaron junto a Juan Cuenca, Agustín Ibarrola y Ángel Duarte el Equipo 57, uno de los más relevantes colectivos de arte contemporáneo.

Cualquiera de los dos pasajes meridionales desemboca en la calle Costanillas, que en dirección oeste se prolonga hasta el cruce donde se alza la fuente barroca de la Piedra Escrita. Su aspecto semeja a un retablo, con dos leones-surtidores en los extremos de la pila marmórea desde los que arrancan sendos estípites. Estos enmarcan un arco quebrado con un frontón mixtilíneo coronado por el escudo de la ciudad y una cartela que testimonia el momento de su erección.

Frente a ella parte la calle Obispo López Criado. Casi en su extremo sur y a mano izquierda se abre la de Montero, antiguo núcleo del carnaval reprimido durante el franquismo. En el nº 4 se encuentra la taberna El Pancho, antigua sede de la peña El Limón donde Ramón Medina –lo glosaré enseguida– ensayaba con su rondalla. Entrar en ella es como viajar hasta la década de 1960: mantiene sus veladores y sillas de formica, y aquellos zócalos de plástico con los que se escondía la humedad de las paredes, e incluso los parroquianos jugando al dominó. En su exiguo patio sigue floreciendo el histórico limonero.

Obispo López Criado forma recodo con la calle San Agustín, y esta lleva a la plaza homónima. Los agustinos se instalaron aquí hacia 1328, cuando era una zona poco poblada. La iglesia de San Agustín, completada a finales del siglo XV, siguió el modelo de las fernandinas, aunque con crucero. En el siguiente se erigió el airoso campanario, y entre 1617 y 1630 su interior recibió un opulento programa ornamental que conjuga elementos tardorrenacentistas y barrocos. Paramentos, soportes y bóvedas se engalanaron mediante ricas yeserías decoradas con pan de oro recuperadas durante la última restauración.

De las pinturas del sotacoro destaca la central, una Inmaculada atribuida a Cristóbal Vela. Del coro arrancan ménsulas que soportan tribunas hasta el crucero, sobre unos pilares que alojan hornacinas y pinturas. La bóveda con lunetos de la nave presenta seis óleos de Juan Luis Zambrano sobre los apóstoles y pasajes del Credo, y la elíptica del crucero es obra de Ochoa. A las nervadas de los brazos y los ábsides solo se les aplicó la decoración. En el retablo del brazo izquierdo un camarín alberga el grupo escultórico de la Virgen de las Angustias, magnífica obra de Juan de Mesa conformada por dos imágenes de talla completa.

La plaza, originario compás conventual, mantuvo una gran actividad entre 1872 y finales de los 60, con mercado y tiendas. El

Fuente la Piedra Escrita

aspecto actual, con dibujos *naif* de chino cordobés e iluminación integrada en superficie y mobiliario, es de 2016. En un rincón encontrarás el busto de Ramón Medina Ortega (1891-1964), autor de canciones populares que exaltan lo más castizo de nuestra tierra y padre de mi querido profesor de piano Ramón Medina Hidalgo.

Al suroeste se encuentra la plazuela de las Beatillas, nombre tomado de un desaparecido beaterio próximo del siglo XV. Allí encontrarás la taberna restaurante Rincón de las Beatillas, inmueble del XVIII que a comienzos del XX fue bodega, carpintería, piconería y casa de vecinos en la planta superior. Hacia 1930 ya era taberna, pues García Lorca la visitó acompañado del poeta cordobés José María Alvariño, quien fue fusilado dos meses más tarde que Lorca. La galería superior del patio cubierto presenta pilares y vigas de madera y pretiles encalados. Cuenta con reservados de temática taurina y flamenca. Entre sus especialidades culinarias figuran las ancas de rana.

Continuaremos por la calle Rejas de Don Gome, donde tres ventanas enrejadas permiten ver uno de los doce hermosos patios del palacio de Viana, máxima expresión de la casa solariega cordobesa cuya superficie de 6.500 m2 te obligará a avanzar hasta el final de la calle, doblar a la derecha por la de Santa Isabel y alcanzar la plaza de Don Gome, donde se sitúa la entrada.

Su origen se remonta a 1425, cuando el señor de Fuencubierta adquirió las casas bajomedievales que forman su núcleo en torno a los patios de Recibo, del Archivo y de los Naranjos. En 1492 Gómez Suárez de Figueroa –Don Gome– fundó mayorazgo y anexó otras casas colindantes. En los siglos posteriores se incrementaron las adquisiciones y las reformas, y en el XVIII sus últimos propietarios particulares crearon un archivo que conserva más de 300.000 documentos sobre la nobleza española desde el año 1109 hasta 1980.

José de Saavedra y Salamanca, II marqués de Viana (1870-1927) y nieto de Ángel de Saavedra, convirtió el palacio en casa museo y alojó en varias ocasiones a Alfonso XIII, pues era su amigo y caballerizo mayor. Otro tanto sucedió con su hijo Fausto, cuya estrecha colaboración con Franco hizo que lo alojase dos veces. En 1980 la viuda del marqués intentó trasladar los bienes para venderlos en el extranjero, pero dos periodistas locales alertaron a la ciudadanía, cuya movilización, con turnos de vigilancia, obligó a intervenir al alcalde Julio Anguita y al gobernador civil. Finalmente, la marquesa firmó un acuerdo con la Caja Provincial de Ahorros, de modo que hoy día el palacio pertenece a la Fundación CajaSur.

La portada, con balcón flanqueado por relieves de guerreros, permitía la entrada de carruajes al patio de Recibo, pues su pórtico se erigió sin la columna toscana de ese ángulo. El patio, la portada, las caballerizas, donde se guarda una carroza nupcial del siglo XVIII, y la escalera principal, cubierta por un artesonado mudéjar, fueron realizados a finales del siglo XVI y se atribuyen a Ochoa.

Patio de Viana

En la planta baja del palacio destaca el mosaico romano de la sala homónima y el salón de Tobías, con un programa de frescos dieciochescos sobre este personaje bíblico y su amistad con el arcángel Rafael. En la planta superior destaca el salón del Artesonado –de estilo mudéjar aunque moderno–, donde se exponen cuatro tapices flamencos del siglo XVI sobre temas mitológicos, y el salón Rojo, decorado en el siglo XX. Las colecciones artísticas expuestas comprenden varios lienzos de Julio Romero de Torres, tapices sobre cartones de Goya, un retrato de Alfonso XII de Sorolla, cuatro óleos de Peter Meulener sobre la guerra de los Treinta Años y las galerías de azulejos y de cueros.

Todos los patios resultan atractivos por su arquitectura, sus especies florales y arbóreas y la presencia del agua mediante fuentes, albercas o pozos. El de los Gatos pertenecía a una casa de vecinos bajomedieval, la más antigua documentada; el de los Naranjos, entrada original, recrea la tradición andalusí; el de las Rejas lo viste desde la fachada edificada en 1624; en el de la Madama el cántaro de una náyade alimenta la fuente; el de las Columnas fue una intervención de la Caja Provincial durante los 80 para eventos culturales.

En 1814 el marqués de Villaseca duplicó la superficie del palacio mediante permuta del palacio colindante con los Torres Cabrera, al que corresponde el jardín francés, con una encina de cuatro siglos; el patio de la Alberca; el del Pozo, poblado de buganvillas; el de los Jardineros, con muro cubierto de jazmín azul; el de la Capilla, con dos galerías porticadas; y el de la Cancela, patio de carruajes con abrevadero y entrada actual. Todos ellos contienen diversas piezas arqueológicas. El del Archivo fue resultado de una reforma del siglo XVIII.

La calle Santa Isabel, antiguo cauce del arroyo, desemboca en la parroquia de Santa Marina, el mayor templo fernandino. En su fachada principal destacan los poderosos contrafuertes escalonados, y en la portada norte el pronunciado gablete que contiene la puerta abocinada y los contrafuertes rematados en punta que lo flanquean. Junto a la portada sur se alza el campanario, reconstruido por Hernán Ruiz *El Joven*.

El ábside del evangelio se modificó desde 1632 mediante bóveda de cañón con yeserías para instalar la capilla de los Benavides, y quince años después se adosó la contigua capilla del Sagrario. De mayor interés es la capilla funeraria de los Orozco, actual sacristía. Se fundó a comienzos del siglo XV, y su portada ojival presenta un alfiz mudéjar con atauriques y un friso de mocárabes.

En la pila bautismal del ábside contiguo me bautizó el párroco Martín María de Arreizubieta Larrinaga (1909-1988). En las tertulias de sacristía que mantuvimos cuando, cursando bachillerato, indagaba yo sobre el barrio escarbando en los libros parroquiales, Don Martín relataba con aquel verbo torren-

Caballerizas del Palacio de Viana

cial sus hazañas en la resistencia francesa y la italiana, su supervivencia en un campo de concentración y su posterior deportación desde Vizcaya. Pero hace unos años supe que era un impostor, pues colaboraba con el embajador alemán para derrocar a Franco e imponer un régimen nacionalsocialista.

Frente a la iglesia, la plaza del Conde de Priego está presidida por un grupo escultórico dedicado a Manolete que Castilla del Pino calificó de horrendo pisapapeles, y en una casona desaparecida, domicilio del director de la banda municipal, tuve mi primera escolarización a cargo de su esposa. No fue quien me enseñó a leer, porque tuvo que hacerlo mi hermano cuando yo tenía cuatro años para que lo dejase en paz.

Del norte de la parroquia parte la calle Mayor de Santa Marina, desde la que asciende la de Marroquíes. Su nº 6 es una casa de vecinos –llegó a acoger 23 familias– que concurre a cada edición del concurso de patios. Fue edificada en 1928 según el proyecto de Enrique García Sanz, quien configuró en la parcela una crujía perimetral y dos módulos interiores, creando un pequeño dédalo de siete callejones con dependencias comunes:

cocina, aseos, lavaderos y tres pozos. Actualmente alberga el taller de un sastre bizarro y otros de artesanía. El primor que ponen sus ocupantes en conservar encaladas las fachadas, pintadas de azul sus puertas y ventanas, y en mantenerla engalanada con geranios, gitanillas, rosales, jazmines y buganvillas, hacen de ella un extraordinario ejemplo de arquitectura popular.

La calle Mayor desemboca en la cuesta del Colodro, con la plaza de la Lagunilla a la izquierda −un busto realizado por Juan de Ávalos recuerda que *Manolete* se crio en ella− y la ermita conventual de los Mártires a la derecha. Al frente solo pervive la huella de la desaparecida puerta asaltada, según las crónicas, por el almogávar −miembro de la tropa de choque− Alvar Colodro en la víspera de Nochebuena de 1235, dando comienzo a la toma de la ciudad. Desde aquí ascenderás a la avenida de las Ollerías, multisecular área de alfares y eje industrial en los siglos XIX y XX. Pocos metros al este arranca la cuesta de San Cayetano, coronada por el convento carmelita descalzo de San José, aunque popularmente recibe el nombre del santo venerado en el templo. Fundado por san

Juan de la Cruz en 1586, ocupó esta ladera extramuros en 1613.

Especialmente valiosa es la profusa decoración pictórica de todos los paramentos, bóvedas y pilares del interior del templo. En un alarde de *horror vacui* barroco, fue ejecutada entre 1725 y 1727 por un autor anónimo. De la colección de óleos de gran formato destacan los instalados en los brazos, pintados en 1667-1668 por fray Juan del Santísimo Sacramento.

De regreso a la avenida y en dirección oeste verás una chimenea neomudéjar diseñada por Castiñeyra para el complejo industrial San Antonio, fundado en 1903 por Carlos Carbonell y Morand. Albergaba fábricas de aceite, jabones y toneles, así como almacenes de maderas, cereales y harinas.

Al final se sitúa la torre de la Malmuerta, nombre tomado de una leyenda en la que un noble cordobés es condenado a erigirla por el feminicidio conyugal. Dicha leyenda es una variante popular de otra que tuvo especial difusión, hasta el punto de ser recogida en 1596 por el poeta cordobés Juan Rufo en su *Romance de los comendadores de Córdoba*, y dio lugar dos años después al drama de honor de Lope de Vega.

Edificada en 1406-1408 aprovechando la estructura de otra almohade, se trata de una torre albarrana en su acepción de bastión exento con funciones de atalaya, unida al torreón noroccidental de la Ajerquía mediante un puente sobre arco de medio punto. De planta octogonal, muestra escarpes en la base y su pretil almenado se decoró con dos listeles que forman cintas entrecruzadas. El muro interior del arco presenta un escudo real y una inscripción relativa a su construcción.

La escalera se incorporó en el siglo XX para facilitar el acceso a su única sala, pues la obra es maciza hasta dicha altura. Fue prisión de nobles en el siglo XV, observatorio astronómico en el XVIII, depósito de pólvora en el XIX, y en el XX pasó por diversos usos. El régimen franquista hizo de él un monumento a los caídos en 1938, convirtiéndolo en arco triunfal –la avenida discurría por él– donde se celebraban ofrendas y desfiles. Para ello se colocó en la torre una gran cruz negra sobre una lápida, así como un yugo y unas flechas rojas en el torreón. Curiosamente fueron retirados en 1969, días antes de la última vista del dictador. Doy fe de ello.

Centro burgués

El sector noroccidental del casco histórico fue sometido a intensas intervenciones por la burguesía gobernante entre mediados del siglo XIX y la década de 1930. Se abrieron nuevas vías, se realinearon fachadas para lograr mayor amplitud en otras e incluso se acometió un ensanche de escasas dimensiones al norte. Las calles secundarias mantuvieron en mayor medida el trazado original, pero al haberse renovado el caserío limitaremos el recorrido a edificios históricos y realizaciones de aquel periodo que merezcan tu atención.

La plaza de Colón, denominada Campo de la Merced por el convento, fue área histórica de necrópolis, como lo testimonia la puerta de Osario que hubo en su ángulo suroccidental y los restos hallados bajo el exconvento.

Desde la conquista cristiana era un ejido donde descansaba el ganado, pues formaba parte de una cañada real. Ocasionalmente se empleaba para festejos y paradas militares. Por su proximidad al matadero, trasladado en 1491 a su flanco norte –núcleo de un suburbio desaparecido del que procedían importantes diestros como *Bocanegra*, *Lagartijo* o *Guerrita*–, aquí se levantaron cosos efímeros de madera en los siglos XVIII y XIX. En 1877 se conectó con la calle Conde de Torres Cabrera, que terminaba en la plaza de las Doblas, y en 1905 se crearon los jardines. Su fuente modernista data de la década de 1920, y la mezquita del Morabito de la Guerra Civil, erigida para la Guardia Mora del bando rebelde.

El palacio de la Merced, sede de la Diputación Provincial desde 1968 por iniciativa de ACC durante su presidencia de la entidad, se fundó entre 1245 y 1262 como convento mercedario. En su solar pudo existir la ermita extramuros tardorromana o visigoda de Santa Eulalia. El edificio barroco actual, uno de los mayores del país, data en su mayor parte del siglo XVIII. Tanto su fachada como el patio Barroco presentan la característica decoración

Tendillas-Gran Capitán

de placas que simula mármoles polícromos a modo de gigantesco trampantojo. Se recuperó durante la restauración de Rafael de La Hoz Arderius en las décadas de 1960 y 1970, tras haber servido de Hospicio Provincial entre 1850 y 1958.

La fachada del templo, edificado entre 1715 y 1745 en el eje del complejo, se remata mediante un frontón coronado por una estatua de san Rafael entre dos espadañas. La portada de piedra blanca, con columnas salomónicas y gran profusión de curvas y cornisas, alberga la hornacina de la virgen titular. El retablo mayor es una reconstrucción del original de Alonso Gómez de Sandoval, realizada durante treinta y seis años tras el incendio provocado en 1978 por un antiguo hospiciano, y el coro alto incorpora en el rico antepecho las tribunas del órgano que se perdió. Testimonio de la fundación bajomedieval es el cristo de la Merced, obra anónima del siglo XIV.

En el patio Barroco los arcos de medio punto se apoyan en pares de columnas toscanas, mientras el piso superior se abre en balcones separados por pilastras. Su fuente central es de mármol negro, y el de la escalera imperial −atribuible a Gómez de Sandoval− rojo y negro. Escenas sobre San Pedro Nolasco, fundador del convento, ilustran la bóveda, y el óleo de gran formato del rellano, *Plegaria en las Ermitas*, fue realizado en 1901 por Tomás Muñoz Lucena, muestra destacada de la abundante colección artística de la entidad.

Tras la escalera se encuentra el patio del Reloj, diseñado por De La Hoz. Integra un mosaico romano geométrico, aunque hay otro en la caja de escalera intermedia, en el ángulo noroccidental del patio Barroco. El pasillo ubicado junto a ella te conducirá al patio Blanco, cuya sobriedad de muros y pilares encalados es posterior a 1929. Hasta entonces su aspecto era similar al de las Columnas del Círculo de la Amistad −lo citaré después−: doble galería porticada sobre columnas toscanas, con antepechos en la superior tallados en forma de triple serliana. En ese caso podría atribuirse a Hernán Ruiz III, y este sector dataría de finales del siglo XVI. Su escalera, de una sobriedad propia de la orden mercedaria, se atribuye a Hurtado Izquierdo.

De la ampliación ejecutada por De La Hoz en el extremo norte del palacio destaca, en la planta baja, el vestíbulo con columnas toscanas y el neobarroco patio Andaluz, y en la superior el distribuidor denominado salón de la Columnas, también toscanas y soportando un artesonado. En la fachada norte, que replicó a la oriental, se insertó una portada renacentista procedente del convento de San Pedro de Alcántara.

El subsuelo del palacio alberga dos importantes restos arqueológicos. Uno es la magnífica tumba romana ubicada en el garaje –requiere permiso para visitarla–; el otro, en la escalera de servicio próxima al vestíbulo norte, es un depósito con un espacio semicircular y otro rectangular, este último con escaleras enfrentadas de cuatro peldaños. No está confirmado que sea un baptisterio, aunque quizá se trate de una obra termal romana adaptada a dicha función en el siglo VI.

En el convento originario estuvo alojado Cristóbal Colón –por ello se rebautizó al Campo de la Merced– durante algunos de los años que pasó en Córdoba buscando financiación para el viaje a las Indias en la corte de los Reyes Católicos. Mientras vendía libros y dibujaba cartas de navegación –de la primera entrevista en 1486 no salió bien parado– conoció a Beatriz Enríquez de Arana, una tejedora cordobesa con la que tuvo un hijo, el afamado cosmógrafo y bibliófilo Fernando Colón. Este acompañó a su padre en el último viaje y escribió *Historia del Almirante*, donde se relatan sus cuatro travesías.

Salgamos a la plaza de Colón para adentrarnos por el suroeste en la Ronda de los Tejares, emplazamiento multisecular de fábricas de adobes frente a la muralla noroccidental. La segunda bocacalle a mano izquierda corresponde a la calle Cruz Conde, abierta entre 1925 y 1930 como uno de los ejes del núcleo comercial bajo los gobiernos municipales de José Cruz-Conde –factótum de la rebelión de 1936– y de su hermano Rafael, el padre de ACC. Su trazado sin continuidad, en lugar de desembocar en Colón por la calle Osario, obedece a la voluntad de derribar el barrio de Trascastillo y desalojar a sus prostitutas. La peatonalización en 2011 proyectada por Rosa Lara y Pedro Caro plasmó en el pavimento la huella de su trama urbana, así como de un pórtico del foro romano.

En la primera bocacalle a mano izquierda, encajonada numantinamente tras el edificio que forma esquina y conservando como reliquia la fachada de la desaparecida calle Miraflores, se encuentra la minúscula taberna Casa Miguel, fundada en 1889. Tiene vino de solera de bodegas Navarro criado en sus propias botas.

Entre los edificios singulares de la calle Cruz Conde destacaré dos, enfrentados topográfica y estilísticamente. El nº 16, de 1947, es una concepción historicista de Escribano Ucelay articulada como un majestuoso arco triunfal sobre un entablamento soportado por columnas de orden gigante; y el nº 13, interesante muestra del Estilo Internacional ejecutada por De La Hoz catorce años después. Las esquinas redondeadas con grandes terrazas y cristaleras curvas, la disposición vertical de los vanos, la textura de piedra y gresite de los muros y la delgada cornisa confieren al edificio dureza y ligereza al mismo tiempo.

Más adelante el tramo izquierdo de la calle Góngora te conducirá a la parroquia fernandina de San Miguel, erigida sobre el solar de una mezquita. Rasgo singular de la fachada principal es la presencia de tres rosetones, y de la meridional la portada mudéjar con arco ojival de herradura donde las dovelas lisas se alternan con otras decoradas mediante ataurique.

Se ha recuperado el artesonado original de la nave central y las bóvedas del ábside derecho y del central, cuyos nervios muestran un tallado de dientes de perro sobre un retablo marmóreo manierista tardío, pues data de 1701. El arco apuntado de la capilla mudéjar de los Vargas aparece decorado con molduras en zigzag, motivo que se alterna con el de puntas de diamante en los arquillos de los ocho paños que conforman su bóveda de crucería y en las trompas. En la misma nave se conservan las únicas pinturas murales del siglo XV: una Virgen con el Niño y una Anunciación con donante, de inspiración flamenca, en un arcosolio. El ábside del evangelio, convertido en 1761 en capilla del Sagrario, se cubre con una cúpula semiesférica entre dos bóvedas de cañón, todas adornadas con yeserías.

En el flanco norte, frente a la plazoleta donde nació mi padre, se alza –probablemente sobre el arranque del alminar– el campanario dieciochesco. Por detrás del ábside, la calle San Zoilo, que toma su nombre de la ermita igualmente dieciochesca, te conducirá a la de Conde de Torres Cabrera. La puerta del compás del convento de San Rafael o de las Madres Capuchinas queda a pocos metros a la derecha. Este cenobio se constituyó en 1655 sobre una casa solariega del siglo XV, de ahí que tanto el compás como el claustro –este último accesible solo mediante visitas guiadas– posean pórticos con capiteles romanos, visigóticos y andalusíes. Además, en las galerías del claustro perviven yeserías mudéjares con atauriques.

De la iglesia barroca destaca el retablo en madera cruda del altar mayor. Su portada principal recae en la plaza de las Capuchinas, presidida por la estatua de Osio de Córdoba esculpida por Lorenzo Coullaut Valera en el XVI centenario del Primer Concilio de Nicea –el primero de todos; prepárate para el culebrón–, celebrado en la actual Íznik (Turquía) el año 325. Fue convocado por el emperador Constantino I a instancias de su preceptor y consejero religioso, el obispo cordobés. Aunque el emperador había concedido libertad religiosa a los cristianos, le preocupaba la profunda división de la Iglesia: quienes consideraban a Cristo como una de las personas de Dios –luego trinitaristas, cuando el I Concilio de Constantinopla (año 381) incorporase al Credo el Espíritu Santo como tercera persona– frente a los unitaristas arrianos, para quienes Jesús era hijo de Dios pero no Dios mismo. Osio logró la condena del arrianismo como herejía, el destierro de Arrio y la redacción del citado Credo, aunque no le fue demasiado bien: Arrio regresó –antes de ser envenenado–, Constantino fue bautizado por un arriano antes de morir y el arrianismo siguió extendiéndose, entre otros lugares, por la península Ibérica, cuando los nobles visigodos y de otros pueblos germánicos sustituyeron al Imperio Romano, hasta que se toparon en Córdoba con el trinitarismo.

La plaza es ensanche de la calle de Alfonso XIII, cuyo tramo oriental ya conoces. Unos metros más abajo se encuentra el Real Círculo de la Amistad, instituido en 1854 como casino de la burguesía cordobesa. En 1461 se fundó aquí un hospital, y en 1532 las agustinas trasladaron a él su convento de Nuestra Señora de las Nieves y desarrollaron el cenobio. En 1804 lo ocuparon las Arrecogidas –beaterio de mujeres arrepentidas– procedentes de la Magdalena. Tras la desamortización sirvió de casa de vecinos hasta que unos cuantos jóvenes burgueses se constituyeron en Liceo Artístico y Literario para representar obras teatrales, zarzuelas y óperas en su iglesia. Finalmente Liceo y Círculo se fusionaron en 1856, manteniendo su importante trayectoria social y cultural hasta hoy día.

Con la alineación de fachadas de 1882 la del Círculo fue retranqueada, según atestigua la planta trapezoidal de los salones delanteros. La actual, en estilo ecléctico, la realizaron Rafael de La Hoz Saldaña y Enrique García Sanz en 1928.

El patio de las Columnas, precedido por el vestíbulo y cerrado con montera, es el claustro del convento, probable obra de Hernán Ruiz III. Bajo los arcos carpaneles de la galería superior verás los antepechos con motivos serlianos comentados en la Diputación. La decoración cerámica sevillana de las albanegas y los zócalos se realizó en el siglo XIX. El edificio cuenta con otros dos patios posteriores, el hermoso jardín de los Magnolios y el del Frontón, restaurado recientemente como un patio cordobés.

A la izquierda del vestíbulo, donde estuvo la iglesia, se encuentra el magnífico salón Liceo, espacio destinado a acoger bailes, representaciones teatrales, conciertos y otros eventos. Juan Rodríguez Sánchez lo diseñó en 1867 siguiendo la moda francesa imperante. Los lienzos de sus paredes, con motivos históricos de la ciudad como la capitulación andalusí ante Fernando III, los realizó Rodríguez de Losada, y los que cubren el techo con alegorías de las artes fueron pintados por los hermanos Fernández Alvarado. Juan de los Reyes y Rafael Jurado Gómez diseñaron el vestíbulo, los salones y la escalera imperial, cuyos muros se decoran con seis grandes lienzos simbolistas de Julio Romero de Torres.

Frente al Círculo, la calle García Lovera desemboca en la de Claudio Marcelo, denominada calle Nueva tras su realización en 1878-1914 para unir Capitulares con la plaza de las Tendillas. Su trazado respetó la espléndida capilla barroca del antiguo colegio de la Asunción, actual IES Góngora, de acceso restringido. Entre sus edificios modernistas mencionaré el que forma esquina con el tramo sur de García Lovera –nº 7–, un proyecto de Castiñeyra que destaca por las volutas que soportan el balcón del chaflán, las barandillas con motivos curvilíneos y la ornamentación floral en los dinteles.

La plaza de las Tendillas recuperó en el siglo XX la centralidad urbana del foro romano ubicado en esta área. Su terreno perteneció desde la conquista al convento de Calatrava o de la Encomienda, vasto conjunto de casas y huertos que se extendía desde el actual Conservatorio Rafael Orozco hasta la plaza de los Bañuelos y que incluía las tendillas de Calatrava, tiendecillas o puestos de comestibles establecidos en un espacio mínimo, apenas un cruce de calles, al norte de la plaza actual. Esta se fue configurando entre 1909 y 1930, e implicó el derribo del elegante hotel Suizo, inaugurado en 1870. La peatonalización se realizó en 1999 con el proyecto de Gerardo Olivares, padre del director de cine homónimo.

De los edificios modernistas y regionalistas erigidos entonces destacaré dos. El de La Unión y el Fénix, al norte, es un proyecto de Benjamín Gutiérrez Prieto. Destacan sus columnas adosadas de orden gigante con capiteles corintios en piedra negra y el elegante ventanal de triple altura en la esquina, coronado por un templete circular y una cúpula con la icónica estatua de la aseguradora. Al sur, Félix Hernández, responsable de la reforma de la plaza, proyectó el palacio de los Colomera, hoy día convertido en hotel y del que destaca el extenso vano corrido de la cuarta planta, resuelto con serlianas, así como los templetes barrocos con pináculos que rematan el conjunto en sus extremos.

Lo más característico de las Tendillas son el monumento al Gran Capitán y el reloj. La estatua ecuestre, proyectada en bronce con cabeza de mármol blanco por Inurria, se situó inicialmente en el cruce de Ronda de los Tejares con la avenida del Gran Capitán, así como el primer reloj se ubicó en la esquina entre las calles Jesús y María y Málaga –aún puede apreciarse en el templete–. En 1961 se inauguró el actual, cuya peculiaridad estriba en dar las horas y sus cuartos con una falseta por soleares interpretada por el guitarrista Juan Serrano. Fue una iniciativa promocional de Philips, pues durante muchos años iba acompañada con la voz del locutor Matías Prats Cañete, oriundo de Villa del Río (Córdoba), que dos veces al día pronunciaba el eslogan de la marca, «Mejores no hay». Por cierto, en Córdoba se celebra desde 1956 y con periodicidad trienal el Concurso Nacional de Arte Flamenco, surgido por iniciativa de Ricardo Molina, poeta del grupo Cántico y coautor junto a Antonio Mairena de *Mundo y formas del cante flamenco*.

Al norte de la plaza, la calle Conde de Gondomar te conducirá a la parroquia fernandina de San Nicolás de la Villa, con un airoso campanario de 1496 cuyo segundo cuerpo octogonal soporta un tambor apoyado en ménsulas, con crestería floral y almenas picudas. La nave central se cubre desde 1558 con un bello artesonado policromado de casetones octogonales, aunque el elemento más valioso del templo es la capilla bautismal, trazada por Hernán Ruiz II y profusamente decorada con relieves platerescos por Sebastián de Peñarredonda. Su bóveda pseudoelíptica se apoya en pechinas con imágenes de profetas. De los relieves de los tímpanos destaca el del bautismo de Cristo, y el arco de ingreso y el friso se ornamentan con grutescos. A la portada ojival de la epístola se le añadió en el siglo XV un pórtico con capiteles de acarreo.

La avenida del Gran Capitán parte de San Nicolás como bulevar –ejecutado en 1989 tras descubrirse y volverse a enterrar

Jardines Duque de Rivas

un valioso yacimiento–, y se extiende hasta la del Brillante, aunque en su trazado completo se invirtió la friolera de 162 años. Se inició con el derribo del convento desamortizado de San Martín, antiguo palacio bajomedieval, y su conversión en una alameda en 1843. Pero la inauguración del ferrocarril en 1859 originó una súbita revalorización de la zona, así que en 1866 el Ayuntamiento convirtió el jardín en paseo prolongado hasta la Ronda de los Tejares.

Fruto destacado de aquella actuación es el Gran Teatro, inaugurado en 1873 según el proyecto de Amadeo Rodríguez, bisabuelo del expresidente andaluz José Rodríguez de la Borbolla. Su fachada es de estilo ecléctico, y su interior responde al clásico esquema italiano con sala en forma de herradura y aforo próximo a las mil localidades. Estuvo a punto de ser derribado en 1976, cuando la propiedad presentó la solicitud bajo una argucia burocrática. Afortunadamente el Ayuntamiento no cayó en la trampa, ejecutó su expropiación forzosa, lo reformó íntegramente y lo inauguró en 1986.

Junto al Gran Teatro se encuentra la Real Colegiata de San Hipólito. Alfonso XI la fundó como monasterio en 1343 con la intención de que sus restos y los de su padre Fernando IV, sepultados en la Catedral, reposaran juntos. Clemente VI le dio rango de colegiata para otorgar solemnidad a los oficios, pero hacia 1360 solo se había realizado la cabecera y el crucero. Al cabo de cuatro siglos finalizaron las obras, si bien el campanario iniciado en 1773 quedó inconcluso. Desde la portada barroca del bulevar, con escudo de Felipe V, se accede al pequeño claustro de pilares bulbosos donde se encuentra el sepulcro de Ambrosio de Morales, trasladado desde el convento de los Santos Mártires.

El templo, con fachada en la plaza San Ignacio de Loyola, es de nave única con capillas laterales. Se conserva el ábside poligonal propio de las iglesias fernandinas, cuyos nervios presentan la talla de dientes de perro, pero el crucero gótico fue cubierto en el siglo XVIII con bóvedas encamonadas similares a las de la nave. En el presbiterio y bajo sendos arcosolios se encuentran los sepulcros de ambos monarcas. Sus restos permanecieron en la Capilla Real entre 1371 y 1736, aunque los sepulcros datan de 1846. De interés es también el Ecce Homo de la

Buena Muerte, atribuido a Felipe de Rivas, y el órgano, fechado en 1735.

El rincón sur de la plaza te conduce a la calle Menéndez Pelayo, y esta, en dirección oeste –bordeando la ermita barroca de Nuestra Señora de la Alegría– a la plaza de Aladreros, cuya prolongación dedicada a Antonio Fernández Grilo viene a salir a la desembocadura de la calle Concepción, donde hasta 1864 se alzaba la puerta de Gallegos. Frente a ti verás la reconstrucción parcial de dos mausoleos romanos localizados en la década de 1990: del túmulo septentrional se conserva la cámara de la urna cineraria y restos del basamento, de las cornisas y del pretil almenado, pero del meridional solo se halló su cimentación, integrada en el paseo de los jardines de la Victoria. La singularidad de su tipología circular en la Península induce a suponer que los realizó un arquitecto itálico a imitación de otros romanos para un patricio local del siglo I d. C. y su familia. Esto explicaría la monumentalidad y la privilegiada ubicación, flanqueando la calzada, perfectamente conservada, que conducía a la puerta occidental de la Corduba fundacional mediante un puente sobre el arroyo luego denominado del Moro, foso natural de defensa.

Puedes concluir el recorrido descansando en los contiguos jardines del Duque de Rivas, un paseo de salón decimonónico en cuya glorieta se alza la estatua en bronce realizada por Mariano Benlliure, o bien más al norte en los de la Agricultura, presididos desde 1940 por el monumento a Julio Romero de Torres con otra escultura en bronce de Juan Cristóbal González. Como curiosidad te diré que estos jardines fueron concebidos en 1811 por el alcalde afrancesado Domingo Badía, quien en solo quince meses realizó importantes cambios en la ciudad, y a quien, en su condición de espía, de poco le sirvió reemplazar su seudónimo Alí Bey por el de Alí-Othman: los servicios secretos británicos lo envenenaron en Damasco siete años más tarde.

Nada me queda por añadir, salvo la esperanza de haberte transmitido algo de mi pasión por esta ciudad. Al fin y al cabo, algunos motivos tendría el célebre historiador británico Arnold J. Toynbee cuando la incluyó en la nómina de las diecisiete urbes del mundo descritas en su ensayo *Ciudades de Destino*. Viajar, lo he repetido en numerosas ocasiones, no es tanto una experiencia como un estado del alma, y si a Córdoba no le falta algo es precisamente eso: alma.

MAPA

1. Baños del Alcázar Califal
2. Templo Romano
3. Mausoleos de puerta de Gallegos
4. Alminar de San Juan de los Caballeros
5. Alcázar de los Reyes Cristianos y Caballerizas Reales
6. Puente Romano y torre de la Calahorra
7. Torre de la Malmuerta
8. Mezquita y Catedral
9. Sinagoga y Hospital del Cardenal Salazar (Facultad de Filosofía y Letras)
10. Parroquia de Santa Marina
11. Parroquia de San Lorenzo e Iglesia del Juramento de San Rafael
12. Iglesia de la Magdalena y Parroquia y convento del Carmen calzado (Facultad de Derecho)
13. Parroquia de San Pedro
14. Parroquia de Santiago
15. Parroquia de San Miguel
16. Parroquia de San Andrés
17. Parroquia de San Nicolás de la Villa y Colegiata de San Hipólito

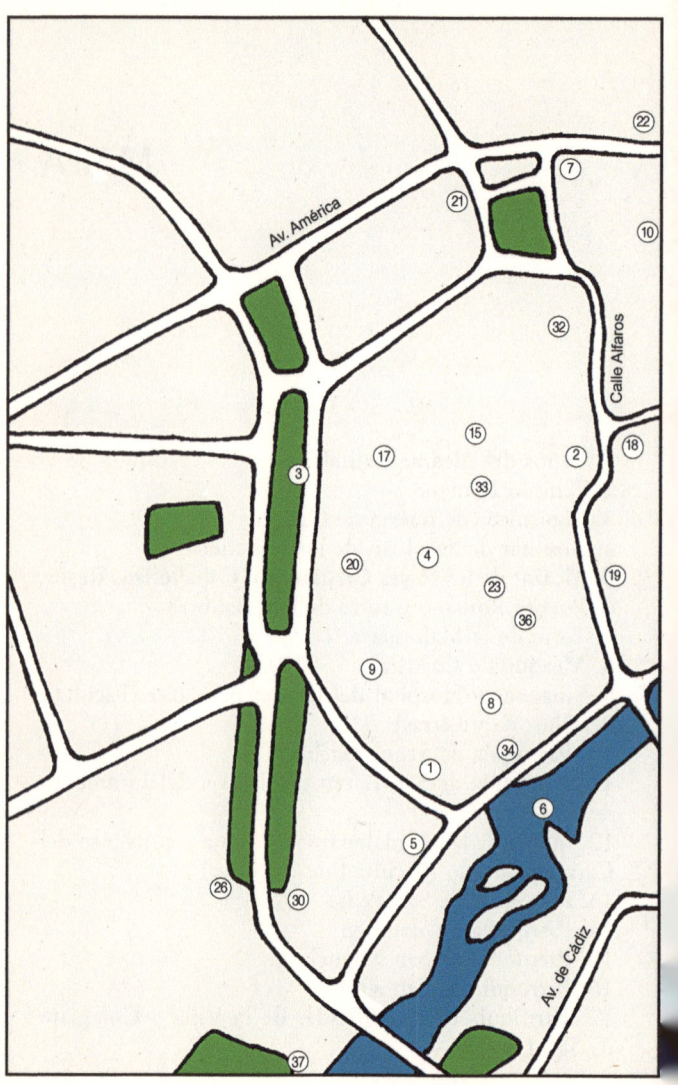

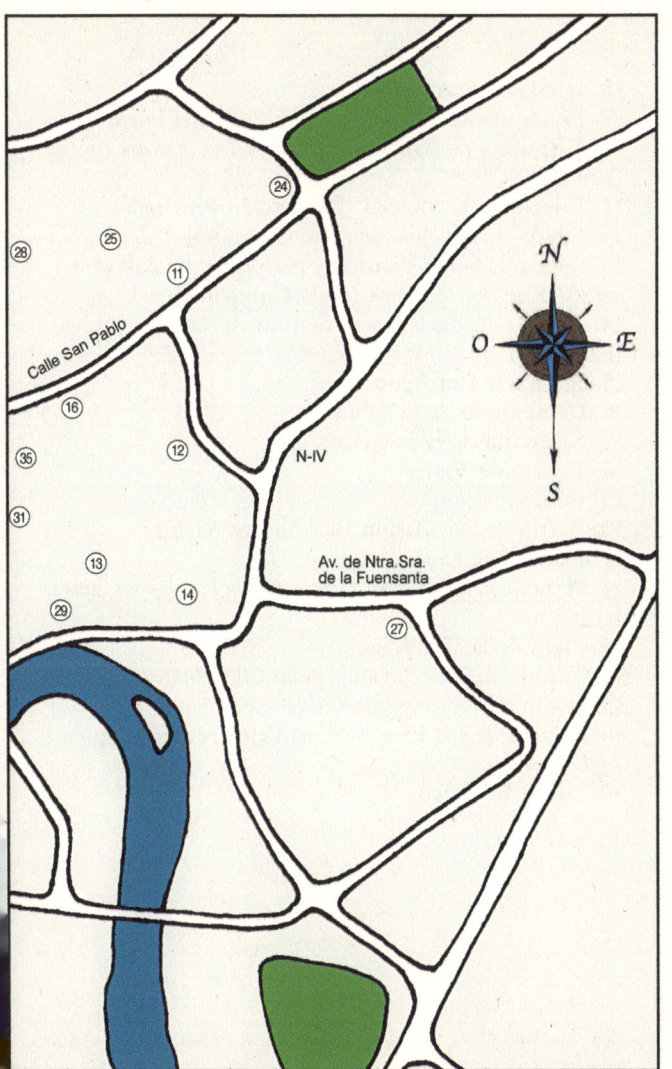

Calle San Pablo

N-IV

Av. de Ntra. Sra.
de la Fuensanta

18. Iglesia de San Pablo
19. Parroquia de San Francisco y Plaza del Potro
20. Parroquia de San Juan y Todos Los Santos (de la Trinidad)
21. Palacio de la Merced (Diputación Provincial)
22. Iglesia de San José (de San Cayetano)
23. Iglesia de Santa Victoria y parroquia del Salvador y Santo Domingo de Silos (de la Compañía)
24. Parroquia de Nuestra Señora de Gracia (de los Trinitarios)
25. Iglesia de San Agustín
26. Cementerio de la Salud
27. Santuario de la Fuensanta
28. Palacio de Viana
29. Bodegas Campos
30. Barrio de San Basilio (del Alcázar Viejo)
31. Plaza de la Corredera
32. Plaza de Capuchinos, Cristo de los Faroles y Cuesta del Bailío
33. Plaza de las Tendillas
34. Triunfo de San Rafael y puerta del Puente
35. Jardín de Orive y sala Orive
36. Palacio de los Páez de Castillejo (Museo Arqueológico)
37. Jardín Botánico

Notas

Los autores

Federico Abad (www.federicoabad.com) posee una dilatada trayectoria como escritor. En el ámbito del patrimonio es autor de las guías turístico-monumentales *Guía fácil de Sevilla*, *Guía fácil de Granada* y *Guía fácil de Málaga* y su provincia, así como de la monografía urbanística La barriada de Cañero. Tuvo a su cargo el desarrollo de contenidos y los textos para el área museográfica del Centro Flamenco Fosforito.

Fernando Angulo Torralbo. Arquitecto Técnico de profesión y dibujante de
vocación. Nacido en Lucena (Córdoba),
tiene tres cuadernos de dibujos publi-
cados de edición propia: *Cuaderno de
dibujos de Lucena, Córdoba, cuaderno de
dibujos,* y *La Mezquita-Catedral, cuaderno
de dibujos.*
Realiza publicaciones en Instagram con
el perfil "dibunando".

Índice

Más libros de viajes

Barcelona
Mapa infinito
Álex Chico
Ilustrado por
Joan Ramon Farré B.

Una ciudad se pierde si alguien no la escribe. La frase de Italo Calvino podría resumir la actitud de Alex Chico al enfrentarse a Barcelona, pues a partir de ella inicia un rescate literario y emocional de la que considera su ciudad. Y es que cada rincón de la urbe, cada calle, cada monumento, ofrece una posibilidad literaria, como si toda ella floreciese cuando el escritor sabe observarla. Alex Chico conoce bien Barcelona y puede decirse que se ha dedicado a ella en cuerpo y alma durante mucho tiempo. Pero eso no es para él ninguna garantía, sino un nuevo acicate para intentar conocerla mejor, para acercarse más a sus gentes, para disfrutar otra vez de sus escritores, para dejarse llevar por el vagabundeo entre sus calles.

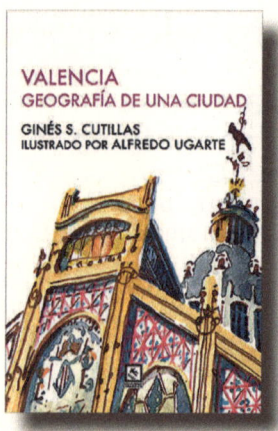

Valencia Geografía de una ciudad

Ginés S. Cutillas
Ilustrado por
Alfredo Ugarte

Existen muchas Valencias: la estudiantil, la gastronómica, la de la huerta, la marinera, la nocturna, la alternativa, la inmigrante, la intelectual... Pero por encima de todas ellas destacan dos: la habitada por aquellos que nunca abandonaron sus lindes y otra, habitada en ausencia, por aquellos que se vieron obligados a abandonarla.

Ginés S. Cutillas vuelve a su ciudad natal en una suerte de geografía personal, con mirada renovada gracias a la distancia y al tiempo, para explicar el pulso de la urbe a quien se acerque a ella por primera vez y a aquellos que la habitan.

Valencia. Geografía de una ciudad rememora rincones de una Valencia que ya no existe y que, sin embargo, definen la ciudad que hoy conocemos.

Berlintopía
Alberto Llamas
Ilustrado por
César Pigino

Berlintopía es una incursión en el alma de una de las grandes capitales de Europa. Huyendo de los lugares comunes, este cuaderno de viaje nos sumerge en la verdadera forma de ser de la ciudad. Al margen de los grandes museos y las avenidas suntuosas de la capital imperial, el libro nos muestra el Berlín de sus habitantes, diversos y heterodoxos. Edificios ocupados, antiguos búnkeres de la época nazi, salas de exposición y cualquier espacio donde se muestre la contracultura, el Berlín que ha sido meca del arte y la innovación.

Madrid, el viaje soñado

Texto e ilustraciones
Paula Lapido

A lo largo de estas páginas circulan, cada uno por su Madrid, varios personajes que habitaron la ciudad en diferentes momentos del tiempo y se volvieron, a su modo, madrileños. El Madrid que ellos conocieron se entrelaza con el actual en un mapa de capas translúcidas compuesto de lugares que todavía permanecen y otros que ya no existen. Porque Madrid, sobre todas las cosas, está hecho de las gentes que vinieron para quedarse y de los que lo siguen haciendo cada día. Un caleidoscopio de historia, recuerdos y futuro, en continuo movimiento.

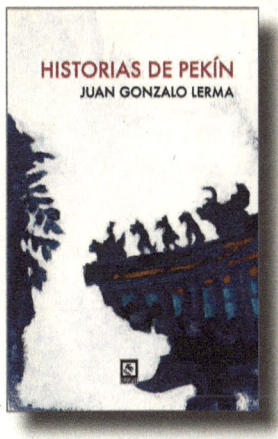

Historias de Pekín

**Texto e ilustraciones
Juan Gonzalo Lerma**

Pekín son muchas historias, y cada historia tiene sus protagonistas; emperadores, princesas, traidores, generales, sabios y campesinos construyeron esta ciudad inmortal que es mucho más que sus inmensos palacios y jardines. Historias de Pekín, a través de los personajes que la engrandecieron o arrasaron, nos permite conocer esta ciudad que se alza en busca del cielo. Entre la historia y la leyenda, oculta por las inmensas avenidas, por los rascacielos y el bullicio multitudinario, en los resquicios de la gran urbe moderna, queda este Pekín eterno.

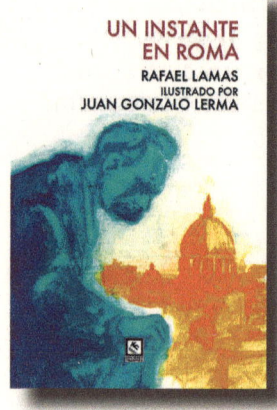

Un instante en Roma

Rafael Lamas
Ilustrado por
Juan Gonzalo Lerma

Roma reúne todos los tiempos y todos los espacios. Es el origen, el centro del arte y de parte de la historia. Este libro nos lo muestra. Friedrich Nietzsche se enamoró en Roma de la joven Lou Andrea Salomé, una de las mujeres más bellas e inteligentes de su época. Un año más tarde, en pos de su recuerdo, el filósofo pasea por la Ciudad Eterna tratando de responder algunas preguntas.

Músicas de Nueva York
Rafael Lamas
Ilustrado por
César Pigino

Músicas de Nueva York nos ofrece un recorrido por la ciudad de los rascacielos y los lugares emblemáticos de su universo musical: los grandes teatros, las salas de concierto, pero también los estudios de grabación o los lugares donde vivieron las estrellas. Templos como el Belasco o el Cotton Club, cantantes como Billie Holiday, intérpretes como Astor Piazzola, pianistas como Sergei Rachmaninoff o Bill Evans componen y dan forma a *Músicas de Nueva York*.

Málaga.
Cuaderno de viaje
Mónica López
Ilustrado por
Rafael Comino Matas

Fenicios, romanos, árabes, cristianos, todos los pueblos que han pasado por Malaka han dejado su huella en la llamada Ciudad del paraíso. Tomando como punto de partida la literatura, Mónica López Soler pasea por las numerosas ciudades que conforman Málaga, se asoma a sus rincones e indaga en su personalidad, recuperando sus leyendas y exponiendo sus conflictos. Un paseo cuyo fin es el recorrido en sí mismo y que nos ayudará a encontrar nuestra propia Ciudad del paraíso.